田学斌 著

易理与人生

中 华 书 局

图书在版编目（CIP）数据

易理与人生/田学斌著. —北京：中华书局，2016.5
（2016.7 重印）
ISBN 978-7-101-11626-7

Ⅰ.易… Ⅱ.田… Ⅲ.《周易》–人生哲学–研究
Ⅳ.①B221.5②B821

中国版本图书馆 CIP 数据核字（2016）第 051137 号

书　　名	易理与人生
著　　者	田学斌
责任编辑	申作宏
出版发行	中华书局
	（北京市丰台区太平桥西里 38 号　100073）
	http://www.zhbc.com.cn
	E-mail：zhbc@ zhbc.com.cn
印　　刷	北京瑞古冠中印刷厂
版　　次	2016 年 5 月北京第 1 版
	2016 年 7 月北京第 2 次印刷
规　　格	开本/880×1230 毫米　1/32
	印张7⅞　插页 2　字数 150 千字
印　　数	6001-14000 册
国际书号	ISBN 978-7-101-11626-7
定　　价	26.00 元

目　录

易理与人生

引　言

　　《周易》（又称《易经》，简称《易》），是用最简单的阴阳符号象征来阐说最复杂的宇宙、大自然及人类社会变化规律的最古老而奇特的哲学著作。《周易》被称为中华文化的根。在中国古代的传说中，伏羲画八卦，为我国文字的雏形；文王演周易，是我国文化的开端。文王的儿子，创造周代文化黄金时代的周公，著作《爻辞》。易道深，人更三圣，世历三古。《周易》的形成和完备，经过了长期的历史演变过程。

　　《周易》的哲理光芒发自远古，映照今天，又源源不断地启迪着未来。纵观中华几千年的文明史，大凡凝聚着人类智慧之光的思想，又何往而非《易》呢？易述天理，天理即人道。易道广大，无所不包，体大思精。无论你怎样去探测它，都是探不到底的。潜心读《易》，必将感受到易学智慧于人生各领域中之无所不在。孔子晚年喜《易》，序象、系、象、说卦、文言，读《易》韦编三绝。经过岁月的浪淘沙汰和鉴别比较，历史终于选定了班固《汉书·艺文志》的说法，"《易》为群经之首也"，这成为历代经学研究者共同遵循的观念。

《周易》是天人之学。人类生活在广袤无涯的大自然之中，每日一抬头就见到辽阔的天空，一举足就接触厚实的大地——日月运行，寒暑更迭，"天"之雨露和"地"之膏泽养育着人类及大自然万物。天地的变化，风雨寒暑，阴晴霜雪，动静炎凉，无不直接影响我们的生存现状。因此，天地变化规律，成为人类自古以来最为敏感的问题，也成为以探究"天人之学"为主要内容的《周易》哲学的一条主线。人怎样与自然界（天、地）相协调？这是事关人类生存的重大问题，因此，古人历来十分重视对这一问题的探索。汉代学者讲求的"天人感应"，孟子所谓"天时、地利、人和"，均是围绕这个问题而进行的某方面思考。

《周易》是象征的哲学。象征，是十分奇妙的艺术表现方式。德国哲学家黑格尔（1770—1831）在《美学》中论及"象征艺术"时，对"象征"的含义作了这样的阐析：象征一般是直接呈现于感性观照的一种现成的外在事物，对这种外在事物并不直接就它本身来看，而是就它所暗示的一种较广泛较普遍的意义来看。因此，我们在象征里应分出两个因素，第一是意义，其次是这意义的表现。意义就是一种观念或对象，不管它的内容是什么；表现是一种感性存在或一种形象。人类哲学的精髓体现于这种奇奥深邃的思辨特色，这是古今中外哲学史上的一个共同现象。在西方的《圣经》中，用十字架象征耶稣的精神，用羔羊象征教民们对上帝的信从；在中国的戏剧舞台上，用马鞭象征骏马，用红脸白脸象征忠臣奸臣；在我们的日常习俗中，往往用老虎象征勇敢，用小鼠象征怯懦。凡此等等，皆是我们所熟知的象征形态。而八卦的象征，也同样有着引人入胜的哲理魅力。首先，八卦对应着八种基本物质。乾卦象征天，坤卦象征地，震卦象征雷，巽卦象征风，坎卦象征木，离卦象征火，艮卦象征山，兑卦象征泽。由这八种物情，八卦又进一步象征事理，如乾卦象征阳刚，坤卦象征阴柔等。所以《系辞下传》追述伏羲作八卦的情状说："古者包犠（即伏羲）氏之王天下也，仰则观象于天，俯则观法于地，观鸟兽之文，与地之宜，近取诸身，远取诸物，于是始作八卦，以通神明之德，以类万物之情。"这充分说明了《周易》的象征来源。《周易》的内容，在于象征，所谓象征，是指模拟宇宙万物的形象。

"易者，变也。""变易"是整本《周易》最关键的内容，任何事物都永远在变动之中。《周易》的道理，是在无路可走时，就要变化，变化就能通达，通达就能保持长久。黄帝、尧、舜能遵循这一变通的原理，当然会得到上天的保佑，无往而不利。所以，不必奔波辛劳，垂着手无须有所作为，就使天下太平。所以读过《周易》的人要明白，我们所看到的只是事物目前的状态，接着它迟早会变向相反面去。变易而不易，复杂而简易，于变化中生成与发展，于反复中保持统一与和谐，而这一刚健中正、无穷无尽、生生不息的生命力，正是宇宙精神之所在。《周易》教导人们做事要顺乎时势，秉持中庸。《周易》的思想就是地地道道的中国式思维，彻底代表中国人的心态，几千年来中国人对此很重视。所以，《周易》说："知几其神乎。""几"是可以掌握到的，掌握"几"靠什么？靠一种直觉的能力。政治家观时变，如张良、诸葛亮看社会变动，所以他们有先见之明，那就是从"几"着眼。因为每一个时代开始的时候都有一个发动的时候。什么时候，从哪个地方发动呢？一般人糊里糊涂，聪明人、冷静的人才看得清楚。政治家看时代要看趋势，看事变之"几"。"易与天地准"，就是《周易》这部经典与天地相应不违，丝丝入扣。于是"圣人以此洗心，退藏于密，吉凶与民同患"。"此"就代表下面三件事情：圆而神、方以智、易以贡。圆而神是最高的境界，这是圣人的境界！但圆而神下面一定要有方以智支撑。假如圆而神下面没有方以智来支撑，就要垮。

整本《周易》往往用自然的规律来说出人事的变化，由现在有这样的"因"导致未来有这样的"果"。人类的变化和人类建立的社会就是《周易》所说的"人文化成"。而"文化"两字的意思，就是由此而来。中国古老的《书经》（即《尚书》）已经说出"人惟万物之灵"。是故圣人以通天下之志，以定天下之业，以断天下之疑。只要无心，无思，致诚，达到人我两忘的极度寂静，就能看清一切是非善恶、吉凶祸福，也就是通达神明，必然就能担当天下之事。智慧，应当像天一般高明；行为，应当像地一样谦卑；睿智圣哲，遵循这一天地的法则，崇尚智慧与礼仪，使道德修养有所成就，而能施展于事业中，就不仅独善其身，而且兼济天下了。举而措之天下之民，谓之事业。亦即，将道德修养、聪明才智施展于事业中，使人与物一并得到济助，因应天地的变化法则，符合生生不息的宇宙精神，这才是"盛德大业"。又说："富有之谓大业，日新之谓盛德。""生生之谓易。"有抱负的贤明君子，就应当体察天地生生不息的大德，日新又新，致力于无穷的伟大事业。君子就应当像雷雨般普施恩泽，为人类造福，这样才能够兴起伟大的事业。个人若是缺少了阳刚正气，则见义不能勇为，遇难不敢举步，怯弱无能，碌碌无为，生命终将成为毫无价值的摆设，岂不悲哉！同样，一个民族、一个国家，若少了阳刚之气，也将无法振奋自强，无法自立于世界民族之林。那么，我们可以说，阳刚之气是大自然及人类社会不可或缺的生命灵魂之本质基因。对培育了一代又一代志士仁人的中华民族精神——自强不息的坚确气质，《周易》就将其作为天理第一法则，人生第一要义。这主要体现在解释乾卦的《象传》所言："天行健，君子以自强不息。"君子的行为，是以完成品德修养为目的。君子追求学问，以累积智识；抱着怀疑的态度，以明辨是非；以宽厚的态度，待人接物；以仁爱的态度，为行为的准则。夫大人者，与天地合其德，与日月合其明，与四时合其序，与鬼神合其吉凶。先天而天弗违，后天而奉天

时。天且弗违，而况于人乎？况于鬼神乎？中国文化的
纲领就是尊乾而法坤。人生道德修养，自应以天地的道理
为准则，效法"天行健，君子以自强不息"的宇宙精神，
努力精进不懈，使自己在品德学识修养上有所成就，然后
在事业上施展抱负，才能共同促进社会发展，人类向上。
这就是参赞天地造化的功能，至高无上的大事业。

《周易》所说的人生最关键道理，就是任何事物发展
到极限就会向相反发展，也就是"物极必反"的道理。《老
子》称之为"反者道之动"。这种哲理已经出现在三千多
年前的《周易》原文之中。"通"是整部《周易》的关键
精神。"通"其实等于我们今天常讲的"可持续发展"，它
也就是"亨"。而亨是天地的大德之一。

《周易》告诫人们要始终言行谨慎，不可骄傲自满。
常常是以"满招损"来戒惕教诲，乐极生悲，就是代表性
的一例。当具备智慧与德行的君子，已经显现，受到注
目，他就处于危险的地位。这时，就必须时刻奋发，努力
不懈，日夜警惕，不休不止地致力于德业的完成，谨慎
小心，才能避免过失与灾难；如果骄傲自大，就会招致危
险。儒家还主张慎独，不单在人多的地方要小心谨慎，在
私下的行动中也要小心谨慎。提高自己的德行是学习《周

易》最关键的方法。自己是否有成就，对自己、对他人有没有真正的利益，都是从德行来说的。学易是否真正有大成就，和"存乎德行"是有密切关系的。

盛极而衰，是大自然的常则，应当警惕与节制。飞腾到极限的龙，会后悔，因为盈难以持久，满则招损。不可争强好胜，刚柔兼备才能安全吉祥。运用法则而不可被法则拘束，唯有冷静、客观，不冲动，不逞强，不妄动，通权达变，才能掌握变化，善用法则。天体运行，周而复始，刚健有力；君子就应当效法天，不休止地强制自己，努力不懈，力求进步，造福天下。

儒家讲中庸，中庸是最高境界。按孔子、孟子的说法，这个中庸下面一定要有狂、有狷来支持。这个人既不狂也不狷，结果是乡愿。你知道，中庸跟乡愿表面差不多，孔夫子最讨厌乡愿。所以中庸要有狂、狷在后面支持。狂者进取，知不可为而为；狷者有所不为。有所为有所不为，有是非，有道德意识。经过狂、狷两精神才达到中庸，这个中庸才是大成化境，才是圣人境界。你想要做圣人，先要狂狷。要做圣人，先做豪杰。

十一世纪，北宋的著名哲学家张载提出"《易》为君子谋，不为小人谋"的观点，相当精确地概括了《周易》

哲学明显的思想倾向与关注人们品格修养的忧患意识。冷静考察历史，我们可以发现，社会的现实环境，往往影响、陶冶甚至决定了人们的思想品格。善与恶，美与丑，正与邪，在人们的生活中普遍存在着。于是，中国古人确立了"君子"和"小人"的概念。为君子谋，是期盼"君子"修美品德，发扬正道，在社会与人生中发挥光明的作用；不为小人谋，是渴望正气压倒邪气，廓清乾坤，涤尽污垢，让人间充满奋发向上的真、善、美。这种哲理倾向，对于我们今天道德文明的建树与改良，不是也具有深刻而有益的借鉴作用吗？

《周易》教导我们行动必须正大光明，才能获得正义力量的支持。只要安详地执着于正道，就会吉祥。直率、方正、宽大，为做人的基本态度。"章"是美丽的文采，必须含蓄，才能继续保持纯正。不过，美丽的文采，难以长久隐藏，随着时间，会被发现，或许不得不跟随君王，从事政务。但不可重视个人的成就，最后才能有结果，这正是智慧的光明远大。君子以敬慎的态度，使内心正直；以正义的准则，为外在行为的规范。只要确立敬慎与正义的精神，他的德行，就不会孤立。所以说：只要正直，有原则，宽大，用不着学习，也不会有不利。《周易》中的"括囊，无咎，无誉"的意思是收紧袋口，不会有过失，但也不会有荣誉。也就是说言行应当谨慎。成功"美"的能力是 taste（品味），成功"真"的能力是 understanding（知性），成功"善"的能力是 freewill（自由意志）。就是"兴灭国，继绝世"。把断灭了的国兴起来，继续下去；把断绝了的世代复兴，继续下去。这就是最高的道德，这就是中华民族所以长寿的一个缘由。西方人始终不了解中华民族为什么这么长寿。照他们的看法，一个民族历史文化开一次花就完了，但中华民族还没有完结。依黑格尔看，春秋战国开花以后，中华民族到秦汉以后就死掉了。这是民族的断灭论。所以在西方社会，人能相忘。

贯穿整部《周易》的一个重要思想就是"忧患意识"。《周易》哲理之光的一个重要的穿透点，是通过超越时空的特定角度来透视人类过去、现在、将来的"忧患"所在，以寻求排忧解患的正确途径。这就是中国历代哲人视《周易》为"忧患之学"之所以然。圣哲作《易》，本自忧患。《系辞下传》对此特别指出："《易》之兴也，其于中古乎！作《易》者，其有忧患乎！"善良的人们希望：人类在物质文明日益进步的今天，应当不断加快心灵净化的步伐。今天的世界，固然有摩天大厦，车水马龙，灯红酒绿，然而，传统伦理美德的日渐衰微，一代怪诞迷茫思想的崛起，以及千人一面的只向往金钱物质的冰冷脸孔，惊心动魄的掠夺残杀，像魔影一样蔓延全球的艾滋病毒，这一切，难道还不足以引发我们的忧患意识吗？清醒的人们坐立不安。中国的古人们用以"洗心"，用以"济民行"、"明失得"的《周易》，能否借其一泓清泉来洗涤我们的心胸呢？在忧患中，我们不得不思索。从《周易》的哲理之光中，我们将能汲取多少足以排忧解患的哲学灵感呢？

孟子说："人恒过，然后能改；困于心，衡于虑，而后作；征于色，发于声，而后喻。入则无法家拂士，出则无敌国外患者，国恒亡。然后知生于忧患而死于安乐也。"《周易》的忧患之学，正是要求在忧患中谋进取，图发展。"天行健，君子以自强不息"——乾卦《象传》这句名言，可以说是《周易》这部"忧患之作"的哲学思想之灵魂，它那足以使人在忧患中奋然振起的精神，不仅为往昔的有志之士灌输过无穷的力量，也将为今人及后人建树起一座愈经忧患愈坚不可摧的思想之金字塔。它所展示的浓厚的忧患思想及排忧解患的哲学启迪，是否将赋予我们以神奇的灵感而开辟二十一世纪人类新的生存前景呢？以忧患而锻炼世界，造福人间！或许，今天或明天的哲人们将很快做出令人惊喜的回答。

正因这种易道近乎宇宙基本原理，能够作为解释《周易》古经的理论根据，自然也可以用它来解释其他一切学术，作为一切学术背后的理论根据。战国后期至汉初的《周髀算经》便首开以易道作为算学根源的先河；影响所及，汉代天文立法便以易学卦气说为据；顺帝、桓帝时魏伯阳则援易道作为炼丹（内、外丹，外丹是化学炼金术，内丹是性命双修的养生延寿学）的指导；六朝刘勰则据易道以为文学理论，撰写文学理论经典《文心雕龙》；道教亦以易道建立道教哲学；宋代儒学更以易道发展为新儒学，成为后来七八百年中国传统文化的主流。流风所及，习俗思想以至医卜星相，民间各学都以易道为其学的理论根据。于是《周易》便成为中国传统文化之源，影响中国文化之深远，是无法估计的。

综观《周易》六十四卦，蕴含着极为丰富的人生哲理，是先哲们对人生经验的积累和思考，闪烁着探索人类未来道路的智慧火花，也回荡着对后人的苦心劝诫，其深刻、其博大不能不令人叹服。了解《周易》的思想，要由六十四卦、三百八十四爻的"系辞"中去玩味探索。我愿不揣浅陋，结合自己的人生感悟，与大家一起展开《周易》探究之旅。

一、乾

䷀

《乾》：元亨，利贞。

初九：潜龙，勿用。

九二：见龙在田，利见大人。

九三：君子终日乾乾，夕惕若。厉，无咎。

九四：或跃在渊，无咎。

九五：飞龙在天，利见大人。

上九：亢龙，有悔。

用九，见群龙无首，吉。

乾卦阐释宇宙创始万物和大自然的法则。

至大、至刚、至中、至正，具备创始、亨通、祥和、坚贞的伟大功能，周而复始，无穷无尽，是人类至高无上的行为典范。因而，孔子不厌其详，从各种角度反复加以阐扬。大自然的运行过程由潜藏酝酿生机，萌芽生长，奋发苗壮，欣欣向荣，经过不断的考验，到达开花结果的极盛时期，然后又由盈而亏，返回原始，重新开始，循环不已，以至于无穷。然而大自然这一生生不息的伟大功能则完全出乎自然，祥和而且执着于纯正。人类行为应当效法大自然的运行规律，领悟由无而有，由盈而亏的法则性，始能把握时机，知道进退。当潜伏时期，应当觉悟，无以发生力量，必须坚定信念，隐忍待机，不可妄动；当显现时期，羽毛未丰，应当以诚信，接近群众，结合力量，始能获得立足之地。

一个胸怀大志的人，在条件尚未成熟或身处逆境之时，不可轻举妄动，以免过早暴露自己。过早暴露自己的志向和才干，很可能成为众矢之的，或者引起他人的防范和嫉恨，从而受到压制和伤害。无所作为，并非胆怯、畏缩、逃避，而是等待时机。

一个有才干、有志向的人，在无职无权的情况下不要争出风头，处处显示自己，也不要争强好胜，过刚过直，而应埋头实干，等待适合于自己发展的时机。当成长时期，应当奋发，自强不息，充实力量。

一个人在工作岗位上已经显露出才干并且得到公认以后，应该结交较高层次的领导者。这样才会被领导者了解，从而得到赏识、重用，施展自己的抱负。同时，更必须戒慎恐惧，以避免危险，遭致毁损。胸怀大志求发展，就应该兢兢业业，一刻也不能松懈。否则，小小的一点纰漏就可能毁掉前程。

对于一个有才干、正处于上升阶段的人，有多少双眼睛盯视着，有人在审视，有人在考察，有人心怀嫉恨，有人想落井下石，因此要小心谨慎，万万不可粗心大意。当茁壮时期，应巩固群众基础，审慎把握最有利的时机，一举而获得成功。当抱负得以施展的极盛时期，应当一本初衷，选贤与能，造福群众，使其各安于位，各得其宜，始能安和乐利。在获取了很高职位以后，不要贪求更多的东西，就像飞到一定高度的龙，不应再向高处飞。

盛极而衰，为大自然的常则，居安必须思危；物极必反，极端阳刚，必然产生反作用。唯有时刻警惕，冷静，客观，不逞强，不冲动，不妄动，顺其自然，谨慎因应变化，善用刚与柔的法则，掌握进退存亡的关键，坚守纯正，始能确保祥和与安全。这里要特别强调执着于纯正的重要性。人生旅途，有进有退。退、隐是保护性的措施，可以保存实力，巩固已获得的成就以利于再求进取。在条件不具备、环境恶劣的情况下，只知"进"而不知"退"，就会造成不必要的损失，甚至带来祸事。

二、坤

䷁

《坤》：元亨。利牝马之贞。君子有攸往，先迷后得主。利西南得朋，东北丧朋。安贞吉。

初六：履霜，坚冰至。

六二：直、方、大，不习，无不利。

六三：含章，可贞，或从王事，无成有终。

六四：括囊，无咎无誉。

六五：黄裳，元吉。

上六：龙战于野，其血玄黄。

用六：利永贞。

坤卦阐释地的法则。

地的法则，也是为人做事的准则。在宇宙创始万物的过程中，天创生万物，地负载完成生命。森林、原野、江河、鸟兽及人类都在大地上得以生存，因此大地被称为

"大地母亲"。大地是万物的基础和根本，人则是万物之灵。对于人类社会而言，人类活动的基本行为可以概括为"为人做事"，这也可以叫做"人道"。

地的法则，是安详与纯正，柔顺地遵循天的法则，而刚毅行动，安静地谨言慎行。所以，行动方正，追随而不超越，包容而不排斥，具备至柔的性格，这正是为人的基本态度。

应当见微知著，了解一切结果，都有累积而成的必然性，必须防患于未然。做什么事情都要有眼光，通过某种迹象发现和推断将要发生的事情，便可有所准备，从而避免不必要的损失。

应当直率、方正、宽大，含蓄而不炫耀，收敛而言行谨慎，谦逊坚持中庸的原则。

应当外柔而内刚，外圆而内方。为人做事，不要锋芒毕露，正如含蓄的文章更适合于表现坚定的操守。为人做事，虽然有一定的身份，但谦虚而不张狂；出身高贵但平易近人，礼贤下士，这样才会受到人们的尊崇，才会平安无事。然而，用柔的原则，也不可以极端，极端必然凶险。

要永远坚守自己所信奉的原则和道德规范，只有这样，才会顺利、平安。必须深切体认主从关系，坚持纯正，冷静客观，通权达变，掌握变化，柔而能刚，善用柔的法则，才能够逢凶化吉。一个身居高位的领导者，如果无能无德，胡作非为，又不善于用人，不团结群众，那么他就会失去号召力和凝聚力，群众也会离他而去，成为孤家寡人，到了这种地步，大势已去，便为穷途末路。

要厚德载物。"厚"是厚重，不要轻薄肤浅。"载"是持载的意思。人要忠厚，厚德才能载物，这跟地一样。地为什么能持载万物呢？因为地厚，地大物博。把厚德载物作为人生的根本，就是说君子应当效法大地，以宽厚的德行，负载万物。

坤卦本身就是无成，"无成"就是不居功，不居功就"有终"。终成原则重视这个"终"字，从它那里担负创造的完成。光讲自然秩序不成，自然秩序要加以人的力量，所以观乎人文，才能化成天下，才能移风易俗。孔子说："予欲无言。"又说："天何言哉？四时行焉，百物生焉，天何言哉？"《中庸》讲参天地，赞化育，这就是化成天下。

三、屯

《屯》：元亨，利贞。勿用有攸往。利建侯。

初九：磐桓。利居贞。利建侯。

六二：屯如邅如，乘马班如。匪寇，婚媾。女子贞不字，十年乃字。

六三：即鹿无虞，惟入于林中，君子几不如舍，往吝。

六四：乘马班如，求婚媾。往吉，无不利。

九五：屯其膏，小贞吉，大贞凶。

上六：乘马班如，泣血涟如。

屯卦阐释天地草创时应对困难的法则。

开天辟地之后，接着来的是秩序尚未建立，混乱不安的苦难时期，但也是英雄豪杰建功立业的大好时机。当此草创时刻，充满危机，必然踬踟，难以把握方向，君子应当以天下为己任，负起策划经营建立秩序的责任。

在艰难时刻，休养生息，聚集力量，就会通达顺利。但在此时只有坚守正道，才会有利于发展。由于势单力薄，所以不可轻易行动，只可以与他人交往，才能为未来建功立业打下基础。在不顺利的时候，不必悲观丧气。知道艰难了，小心谨慎也许是好事，因为这样才会冷静地看到自身的不足。虽然踌躇，但志向、行为纯正，只要不高高在上，能够与基层群众接近，就可以大得民心，获得拥戴。

处境艰难，势单力薄，就不要谋求大的发展，而应在现有的位置上求得平安。不要急于求成，而应立足现实。只有立足现实，渡过难关，才会有今后的发展。人贵有自知之明。不顺的时候，什么事都别扭，都搅在一起，相互牵扯掣肘。这种时候，就必须有耐心，沉住气。必须坚定纯正的信念，否则一失足成千古恨。

在处境艰难的时候，可能有意外的收获，这自然是好事，但如果取得这些"收获"可能带来危险，就得考虑一下了。有见识，不贪图眼前小利的人，才不会晕头转向。不可因一时反常现象而动摇；应当明辨果断，知道取舍，不可轻举妄动。当处于进退两难的困境时，应当积极进取，才能使状况明朗，找到出路。当孤立无援时，应当退守自保，先求安全，再求发展。内部的齐心协力是非常重要的。外力难以毁坏的东西，内耗可以使之毁于一旦。

四、蒙

《蒙》：亨。匪我求童蒙，童蒙求我。初筮告，再三渎，渎则不告。利贞。

初六：发蒙，利用刑人，用说桎梏，以往吝。

九二：包蒙，吉。纳妇，吉。子克家。

六三：勿用取女，见金夫，不有躬。无攸利。

六四：困蒙，吝。

六五：童蒙，吉。

上九：击蒙，不利为寇，利御寇。

蒙卦阐释秩序尚未建立时启蒙人类的原则。

这时整个世界还处于混乱蒙昧的状态，危机四伏。混沌使人内心恐惧，对未来没有一个相对稳定的预期，因而产生抗拒心理，以致重私利轻公益，趋向保守，缺乏进取心。这时，启发民智，为治国平天下的首要工作。

有自知之明是聪明的举动。孔子说:"知之为知之,不知为不知,是知也。"人不可能是全知的,能够看到自己的不足,而且不耻下问,是智者的选择。而教育的原则,首重自然感应,潜移默化,循序渐进,不可强求。

教育为百年大计,应把握不偏不倚的中庸原则。施行教化应该胸怀博大,具有包容心。古代教育家孔子讲究"有教无类"就是"包容"。教育又是神圣的工作,动机必须纯正,而且坚持到底。教化人必须有严厉的规章制度。对违犯规章制度的人必须进行惩罚。说服教育不是万能的,必须制订相应的规章制度才能保证学业的完成。

启蒙是为了培养正道,这是神圣的事业。启蒙幼童犹如山下流出泉水,开始是潺潺细流,最后成为滔滔江河,滋生万物。让承受教化的人承受过多,使其感到过于疲乏也不行,应当有所节制,劳逸结合。承受教化,就是与愚昧无知作战。在承受教化的过程中会对承受人有所触动,承受人不应有抵触情绪。承受了教化以后,可以使自身具备抵御外界诱惑和骚扰的能力,有利于修身养性,使自己成为知识广博、道德高尚之人。

五、需

《需》：有孚，光亨。贞吉，利涉大川。

初九：需于郊，利用恒，无咎。

九二：需于沙，小有言，终吉。

九三：需于泥，致寇至。

六四：需于血，出自穴。

九五：需于酒食，贞吉。

上六：入于穴，有不速之客三人来，敬之终吉。

需卦阐释等待时机、不急躁冒进的道理。

草创时期，仍动荡不安，危机四伏，往往状况不明，或面临危险，必须等待时机。等待需要恒心与耐心，而恒心与耐心来自信心，信心源自纯正的信念。因而，在不得不等待、必须等待的时刻，更应当坚定信心，以恒心与耐心等待有利时机的来临。

要耐心地等待机遇，不能动摇，当人们了解你、相信你的时候，自然会团结在你的身边。这时，应当尽可能远离危险，以策安全，而且保持距离，才能了解状况。

要距离权力中心远一点。距离权力中心远有利有弊。靠近权力中心容易得到升迁，但也容易卷入权力斗争的漩涡而招致灾祸。远离权力中心，可以避免介入权力斗争。特别是社会动荡时期，及不具备相应实力的时候，由于距离权力中心远，即使有才干也不容易被人发现，因此必须有恒心，时间久了，有才干的人总会被发现、重用的。同时在局势并不明朗的情况下，不介入权力中心的斗争可以避免过失和灾祸。

应当学会忍耐，不可被闲言碎语动摇，不可急躁冒进。在处境不是很好的时候，在"不牢靠的地方"，即政治动荡的环境，也指自身没有实际权力，或者没有可靠的靠山时，不能盲目妄进，否则必将招祸。

愈接近危险，愈应当谨慎、冷静，运用柔的法则，因应变化，方可化险为夷。即或在安全中，也应把握中正的原则，谨慎戒备。身在繁荣富贵之中，也必须坚定不移地忠于自己所认定的原则才能吉祥如意。这就叫"居安思危"。总之，因应危险的最高法则，是要以柔克刚，化敌为友。有目的地等待，正是应用柔的法则。

　　要学会以柔克刚。必须等待时机，对没有把握的地方应保持距离，以策安全；而且要有恒心，意志不可动摇。云上升到天，只要等待阴阳调和，自然就成为雨。君子在应当等待的时刻，就应该等待有利时机的来临，这个时期不必有所作为。

六、讼

䷅

《讼》：有孚，窒，惕，中吉，终凶。利见大人。不利涉大川。

初六：不永所事，小有言，终吉。

九二：不克讼，归而逋其邑人三百户，无眚。

六三：食旧德，贞厉，终吉。或从王事，无成。

九四：不克讼，复即命渝。安贞吉。

九五：讼元吉。

上九：或锡之鞶带，终朝三褫之。

讼卦阐释避免争讼、不可久拖的道理。

在事业的进行中难免发生争持，引起争讼。只不过争讼多半因为行动过于刚强，招来忧伤，应当警惕。不可自以为得理而逞强，这样往往难以达到目的，反而使自己陷于泥淖。

如果争讼不会有结果，最好尽快想其他办法予以化解，不可拖延太久，以致不可收拾。应当懂得退让，自我反省。知足常乐，顺其自然，合于正理，必然心安理得。裁判争讼，以至中至正为根本。总之，即或以争讼获胜，也不能持久，而且不会受人尊敬，而只能使信誉蒙羞。

要中庸，在心中警惕，才会吉祥。要戒慎恐惧，把握中庸的原则行动。君子处理事物，在开始就应当慎重思考筹谋，不可逞强争胜，隐忍自励，才是上策。相亲相辅，应由诚信开始。明智的举措是，舍逆取顺。来者不拒，去者不追，态度宽宏无私。本着这种合乎中庸的原则，仁至义尽的态度，周围的人们就不会恐惧戒慎，猜疑防范，从而和谐往来。这样当然吉祥。

要切记，即使不得不打官司或争辩是非，也要讲信用，也就是要实事求是，同时，不宜四处宣扬，须小心谨慎，说话不夸大其词，不走极端。如果官司拖得很长，到最后也不会得到什么好处，很可能受到伤害，即使好的结果也是两败俱伤。

能够见到有威望的大人物，则是很有利的，但若去冒险，就会不利。打官司讲究有理有节，要重事实，依法从事。既然是打官司，可能各有各的理，所以打到最后，双方都会受到损伤。如果经权威人士从中调解，得以公允解决，双方都有好处。此理古今相通。打官司还是速战速决较好，拖得久了，不仅劳民伤财，而且有可能节外生枝。此外，既不能得理不让人，也不能无理争三分。能忍受一时小小的责难，得到的往往却是相安无事，利弊得失，应该反复权衡，仔细考虑。这里须要警示的是，那些无能无德，只依靠祖先留下的财产和威望过活的人，最好别惹是生非，安分守己过日子，才是上策。

七、师

《师》：贞丈人吉，无咎。

初六：师出以律，否臧凶。

九二：在师中吉，无咎，王三锡命。

六三：师或舆尸，凶。

六四：师左次，无咎。

六五：田有禽。利执言，无咎。长子帅师，弟子舆尸，贞凶。

上六：大君有命，开国承家，小人勿用。

师卦阐释由争议终于演变成战争的用兵法则。

战争是凶杀的工具，关系着国家的存亡和人民的生命，所以用兵必须慎重。军队必须是正义之师，统帅必须中庸、公正，老成持重，不可好战喜功。战争必须得到人民的支持，才能战无不胜。用兵的法则，首重纪律严明，统帅必须刚健中正恩威并重，不可刚愎自用，作战应以安全为首要，指挥权必须统一。

小人不能重用，即或有战功，也不可使其拥有政治权力。《孙子兵法》说："兵者，国之大事，死生之地，存亡之道，不可不察也。故经之以五事，校之以计，而索其情：一曰道，二曰天，三曰地，四曰将，五曰法。"也就是说孙武认为，用兵打仗是关系国家生死存亡的大事，不能不认真研究、考察，所以用兵打仗要经营、分析五个方面，并依据五个方面的情况来研究对策和方略。首先要让民众与君王同心同德，老百姓愿为君王生，愿为君王死，其次是要掌握天时，了解地情，并且要用将得当，还要法度严明。

严格的军纪是非常重要的。决定战争胜负的因素很多，军纪松散，也可能打胜仗，比如面对的是一支非常弱小的队伍，而且也是军纪松散，缺乏训练，士气不足，那是容易取胜的。但取胜了，也蕴藏着凶险，因为他面对的敌人不可能总是弱小的、缺乏训练的。军纪不严明，指挥不灵通，便不可能统一调动兵马。因此，在大多数情况下，乌合之众难以取胜。

运用军队的原则，必须以坚持正义为条件，亦即必须顺从天命，符合众望，讨伐邪恶，伸张正义，所以必须以正义、中庸、老成持重的人物为统帅，才会吉祥，没有过失与灾祸。如果以小人为统帅，一味贪功好战，纵然取胜，也将带来灾祸。

八、比

䷇

《比》：吉。原筮元。永贞无咎。不宁方来，后夫凶。

初六：有孚，比之无咎。有孚盈缶，终来有它，吉。

六二：比之自内，贞吉。

六三：比之匪人。

六四：外比之，贞吉。

九五：显比，王用三驱，失前禽，邑人不诫，吉。

上六：比之无首，凶。

比卦阐释亲爱精诚的道理。

物以类聚，形成群体，必须相亲相辅，在刚毅中正的领袖领导下，和睦相处，精诚团结，这是创造共同幸福的根本。

相亲相辅的原则，应以诚信为本，发自内心，采取积极主动的态度。但亲近对象应择善固执、远恶亲贤，还应当宽宏无私，包容而不强求。更应当一本初衷，贯彻始终，才能精诚团结，一片祥和。

讲诚信是交友的要义。不讲信用的人是不可交的。交友要发自内心而且动机纯正，才可交到真正的朋友。有真正的朋友相辅相助是吉祥的。真诚是相互的。情谊无价，金钱买不到真诚的友谊。

俗话说："在家靠父母，出门靠朋友。"只有真诚地待人，才能结交真诚的朋友。权势显赫及显贵的人交友，不要借助于权势，让别人不得不与你交往。人家不愿交往就算了。有权势的人交友不让周围的人感受到威胁而有所戒备，才是吉利的。交友不能强求，更不能依靠权势。借助权势所交的朋友，同样有相互利用的意味，这是靠不住的。友谊是建筑在相互平等、相互敬重的基础上的。结交朋友而不能保持像初始那样真诚、讲信义，就会带来凶险。朋友最了解朋友的致命弱点。如果朋友失和、反目，那是很危险的。所以，交朋友要始终如一，要交真正的朋友。交友时间长了，相互更加了解，相互的优缺点也都看清楚了，这时就需要互相理解、互相尊重、互相宽容。朋友之间，不要斤斤计较。

《史记·殷本纪》中记述，殷汤王在田野中听到四面张网的人在祷告:"天下四方,都进入我的网中吧。"汤王认为,这将使天下的禽兽被赶尽杀绝,就撤去三面网,只留下一面,并且祷告说:"要往左的就往左,要往右的就往右,命中注定属于我的,就进入我的网吧。"《礼记·王制》中,也有天子不合围的说法,亦即天子狩猎,只由三面赶禽兽,称作"三驱",舍弃往前方逃的,只捕杀迎面来的,这叫舍逆取顺。用王者狩猎来象征,只由三面包围,来者不拒,去者不追,态度宽宏无私,本着这种合乎中庸的原则,仁至义尽的态度,你周围的人们就不会恐惧,当然吉祥。

易理与人生

九、小畜

☲

《小畜》：亨。密云不雨，自我西郊。

初九：复自道，何其咎？吉。

九二：牵复，吉。

九三：舆说辐。夫妻反目。

六四：有孚，血去，惕出无咎。

九五：有孚挛如，富以其邻。

上九：既雨既处，尚德载。妇贞厉。月几望，君子征凶。

小畜卦阐释因应一时困顿的原则。

小畜，亦即有时因力量不足，不得不暂时停顿，不能有大的作为。不过，这只是小的停顿，不足以阻止行动，不久就可以亨通，原来的理想终究会实现。只不过蓄积不足，力量有限，还不能积极地有所作为。

在力量不足的时候，不能轻举妄动，或者说不能有大的举措。一点一滴地积累力量，也算顺利。积蓄的力量不足，就如同天上布满了云，但雨却下不下来。雨下不下来，还是没有作为，不能恩泽四方，也就只能在自我的一小块地方上活动。

这时候要退一退，退到自己原来固有的、比较安全的位置上以求自保。只有自身的安全得到保障，才能有今后的施展。但并不是放弃，而是在蓄积整备，为下一步行动做准备。因而，应坚定信念，一本初衷，为实现自己的理想全力以赴；在发展得慢的时候，要小心谨慎，不要盲目自信。应当本着中庸的原则，刚柔并济，精诚团结，共同奋斗，应当断然排除一切羁绊。

以诚信待人，还是为人称道的，大多数人都喜欢诚实、讲信用的人。应当以诚信感召，自助助人，才能结合所有力量，获得一切应援，达到实现理想的目的。讲求诚信，才能团结人，才能有朋友与其交往。自身生活富足，还能想着别人，并用实际行动支援别人，自身也会得到别人的拥护和爱戴。为富不仁者，会招引祸事。最后切记不可盈满，不可贪得无厌，必须适可而止，蓄积过度丰盛，因满招损，反而凶险。

　　在一点一滴地积累力量的时候，虽然做了许多恩泽当地百姓的事，又充满高尚的道德，而且有女人忠诚地跟随和坚定地激励，但是还不能轻举妄动，因为还处在不顺利的境地，条件还不成熟，力量还不够强大，就如同刚下来雨就停下来一样。月亮接近满盈了，但还没有满盈。如果这时候自以为力量足够了，贸然出征求取天下，是很危险的。因为蓄积没有达到饱和状态，力量还不足，还必须精诚团结，共同蓄积力量。

　　当力量达到饱和状态，即经云变为雨，就应安于现状，不可再贪得无厌。如果阴胜于阳，就会反常。小人是阴，君子是阳。小人得势，君子就会担心被伤害。这一告诫被西伯的儿子武王记取了。西伯死后，他的儿子姬发继承了王位，以姜太公为军师，又有周公旦辅佐。周武王承继父业，积蓄力量，九年以后才向东发展，并在盟津与八百诸侯相会。诸侯们都建议讨伐商纣王，但武王认为条件还不成熟，又领兵回去了。又过了两年，纣王更加残暴昏庸，其内部众叛亲离且用兵于东部，武王才通知众诸侯讨伐纣王，结果一举成功。

十、履

䷉

《履》：履虎尾，不咥人。亨。

初九：素履往，无咎。

九二：履道坦坦，幽人贞吉。

六三：眇能视，跛能履，履虎尾，咥人，凶。武人为于大君。

九四：履虎尾，愬愬，终吉。

九五：夬履，贞厉。

上九：视履考祥，其旋元吉。

履卦阐释实践理想、履行责任的原则。

这里以"履虎尾"象征，意即充满危机，不可不戒惧。应以柔顺和悦中庸的态度，小心翼翼去践履。敢于冒险，而又不自鸣得意的人，是能够顺利地闯一番事业的。做什么事情，没有胆量不行，但光有胆量也不行，还需小心谨慎行事，知道危险的所在，不忘乎所以，才能办好事情。

应当坚定平素的志向，不被世俗诱惑；做什么事情不要左顾右盼、心猿意马。必须一心一意，按照自己原本的志向去做，把事情做好。

一个有远大志向的人，要能心胸坦荡，择善固执，甘于寂寞。应量力守分，不可逞强冒进。应戒慎恐惧，把握以柔克刚的法则，不可一意孤行，刚愎自用。做事情在顺利的情况下，依然要头脑冷静，不可虚浮，不可张扬、显露。还应一本初衷，贯彻到底。

践履应当量力守分，不可逞强，以致适得其反。做事情不能不考虑条件而一意孤行。条件的成熟，有时需要人去创造，有时则需要耐心等待，勿忘"水到渠成"的古语。采取行动的时候，要"比着鞋"来考察吉凶，随时改变和调整步子，就会非常安全和吉祥。所谓"比着鞋"，就是看自己所走的路，并以此来分析利弊得失，然后对自己的步子进行调整、改进。"比着鞋"也有考虑自身条件和外部环境的意思。对外能够包容污秽，但有时也用泅水渡过大河的果敢手段。不遗忘疏远的人。必要的时候，也不惜断绝亲近的人。这种宽容、果断、不忘远、不溺于私情、光明磊落的态度，符合中庸的原则，必然是吉。

十一、泰

≣

《泰》：小往大来，吉，亨。

初九：拔茅茹以其汇。征吉。

九二：包荒，用冯河，不遐遗。朋亡，得尚于中行。

九三：无平不陂，无往不复。艰贞无咎。勿恤其孚，
于食有福。

六四：翩翩，不富以其邻，不戒以孚。

六五：帝乙归妹，以祉元吉。

上六：城复于隍，勿用师，自邑告命。贞吝。

泰卦阐释持盈保泰的原则。

创业固然艰难，守成更加不易，不可以既有成就为
满足，唯有精诚团结，力求发展，才能不断开创新局面。

不要因为做事容易而安于现状，要把眼光放长远，
以求继续发展。大事是由小事积累而成的，不屑做小事的

人和不注意细节的人往往难成大事。应知物极必反，唯有坚持理想，才能突破。居安应当思危，不可轻举妄动，应以促进团结为根本，态度光明磊落，把握中庸原则，兼容并蓄，刚柔相济，选贤与能，修明政治，于安定中要求进步。在处境好的时候，可以享乐但不要过分；做事可以随意些，但不要过于冒险。有了钱不能大手大脚，但也不能太吝啬，要适可而止。

做什么事都不要走极端。保持安泰应当包容、果断，光明磊落，刚柔并济，把握中庸原则。世上的许多事物都是相对而言，比较而言的。正因为国泰民安，当权者极容易受到声色犬马的诱惑，陷入其中而不能自拔，这样便不会长久了。

只要行得正，做得正，不必管他人说什么，关键还是自己。一个有操守、讲信用的领导者，自然会受到人们的敬重和拥护，地位也会稳固。在艰难困苦中，安泰得来不易，仍然要坚守纯正，一本初衷，才不会有灾祸。不要因求财心切而不顾及他人。既然国泰民安，就不要总是怀疑他人，而是应该对他人以诚相待。疑人者，必被他人所疑。以诚待人，他人会以诚相报。这给人以在顺境、事业发达时也要注意团结他人的启示。

当盛极而衰，颓势已经显现时，应知不可抗拒，唯有因势利导，使损伤减少到最低限度；如果逞强，反而加速灭亡。不可以人力勉强与命运抗争，只有全力防卫；然而，纵然坚守正道，仍不免蒙羞。否极泰来，泰极否来。盛极而衰，积重难返。田园荒芜、民心涣散的时候，是不能用武力来解决的，只能采取正当措施，施用适度的法规来调整，缓冲矛盾，否则，只能加速自身的垮台。明白了这个道理，就应该在顺境中居安思危，在事业发达的时候，不断顺应时势以求稳定发展。满足已有或任意胡为，就会由盛转衰，待到危机四起再行补救，必然无济于事。

《系辞传》解释说："履信思乎顺，又以尚贤也。是以自天祐之，吉无不利也。"履行诚信，谦逊地顺应自然，又能崇尚贤能。所以，天才会保佑，吉祥而不会不利。应有满而不溢的修养。

十二、否

《否》：否之匪人，不利君子贞。大往小来。

初六：拔茅茹，以其汇。贞吉，亨。

六二：包承，小人吉，大人否。亨。

六三：包羞。

九四：有命，无咎，畴离祉。

九五：休否，大人吉。其亡其亡，系于苞桑。

上九：倾否，先否后喜。

否卦阐释应对黑暗时期的原则。

由安泰到混乱，由通畅到闭塞，小人势长、君子势消的黑暗时期终于到来。奸佞当道，小人得势，不会政通人和，事业会遭受损失。正派而能干的人是不能展示才干、发挥作用的。如果直言或试图有所作为，不仅无济于事，反而会遭受陷害。大的方针政策不能变动，只好在具体的小地方做些补救，损失是不可避免的。

在奸佞当道的时候与得势的小人同流合污，也是很容易的事情，但还是坚守正道为好。因为只有坚守正道，到头来才会顺通吉利。这也是告诉人们不要只图眼前利益，不要随波逐流。不要计较个人的一时荣辱，要目光看得远些。当此反常时期，君子应当提高警觉，巩固团结，坚定立场，伸张正义，以防患于未然，但也应当觉悟，泰极而否为必然现象，人力难以挽回，坦然承受，先求自保。

小人恬不知耻，一旦得势，无所不用其极，尤其应当时刻警惕，避免遭受伤害，无谓牺牲。当小人势力显露衰败迹象时，也不可轻举妄动，必须谨慎，集中力量，把握时机，给以致命的一击。更应当特别防范小人穷凶极恶的反击。否极必然泰来，黑暗不会长久，应当坚定信心，不可动摇。

君子在闭塞反常的情况下，应当收敛自己的才华，不可炫耀，以避免小人的陷害；不可追求荣誉富贵，以避免遭小人妒忌。君子应坦然地承受命运，才能亨通。不要被小人的声势扰乱了意志，应当觉悟，了解适者生存的道理，自保以等待机会。

排除闭塞，恢复太平，毕竟潜伏着危险，因而必须时刻警惕。在道路闭塞不通的时候，要使闭塞不通的状况改变过来，开始时会很难，而且要招来灾难，但最后会得到喜讯。否极泰来，终获成功。这就是说，面对恶势力，要有耐心和信心。战胜恶势力，要付出一定的代价。身处困境时，要设法通过"敬献"，悄悄地打通"关节"。《史记·周本纪》中载，因崇侯虎向商纣王进谗言，致使西伯被囚禁。西伯的家人及手下人"乃求有莘氏美女，骊戎之文马、有熊九驷、奇怪物，因殷嬖臣费仲而献之纣，纣大悦，曰：'此一物足以释西伯，况其多乎。'乃释西伯"。这是说，私下里活动不可声张。孔子在《系辞传》中引用这一爻辞说："君子安而不忘危，存而不忘亡，治而不忘乱，是以身安而国家可保也。"君子居安而不忘危险，生存而不忘灭亡，太平治世而不忘祸乱。只有这样，才可以安身立命，国家也才可以保全啊。

十三、同人

䷌

《同人》：同人于野，亨。利涉大川。利君子贞。

初九：同人于门，无咎。

六二：同人于宗，吝。

九三：伏戎于莽，升其高陵，三岁不兴。

九四：乘其墉，弗克攻，吉。

九五：同人先号咷而后笑，大师克，相遇。

上九：同人于郊，无悔。

同人卦阐释与人和同的原则。

否极终于泰来，然而，安和乐利的大同世界并不会凭空到来，依然需要积极追求。在民间和他人共事即联络民众，与民众关系密切，能够得到民众拥护的人，自然通达顺利。但联络民间，应该动机纯正。与他人共事，首先要能与自己家族的人和睦相处，如果连自己家族的人都不能和睦相处，都不能共事，又怎么能够与他人共事呢？首先应当破除一家、一族的私见，重视大同，不计较小异。本着大公无私的精神，以道义为基础，于异中求同，积极地广泛与人和同，才能实现大同世界的理想。

任人唯亲只能是自我孤立，不仅事业得不到发展，反而会引来灾祸。正义必然使邪恶屈服，但障碍必须及时果敢地排除，牺牲小我，然后才能完成大我，先苦才能后甘。不过，与人和同，应当积极。固然不能同流合污，但自鸣得意的孤僻态度也是应当否定的。

虽然团结了他人，有了一定的实力，但是没有气魄，过于小心谨慎，疑神疑鬼，或者总以为时机还不成熟，一直持观望态度，那是什么事情都做不成的。做任何事情，都需要有胆有谋，把握时机。有勇无谋，不能成大事；缺乏胆量，没有一点冒险精神，也不能成大事。此外，做事还要把握好时机，"机不可失，时不再来"。这不仅仅是针对用兵打仗而言，对于创业者来说，缺乏开拓精神，遇事左顾右盼，犹豫不决，或者只知求稳，不知创新，也会一事无成。联络志同道合的人，在一起闯一番事业，但不能在君王的眼皮底下行事。在君王眼皮底下行事，君王就会犯疑，就会引来祸事。君王或有权势的人非常忌讳部属或他人合伙结帮。

有句成语叫做"哀兵必胜"。哀兵，指的是由于受到压迫而悲愤地奋起反抗的军队。这样的军队，一定能够打胜仗。团结一批人，带领一支队伍去闯一番事业，首先需要激励士气。一支斗志昂扬、破釜沉舟、不达目的誓不罢休的队伍是有战斗力的，能够克服征途中的困难而取得胜利。

最早提出"和"的哲学命题，是西周末年的史官史伯（伯阳父）。他的言论记载于专门记录西周和春秋历史的古书《国语》之中。他说："和实生物，同则不继。"能够做到"和"，就能够产生万物；"继"是继续，"不继"是不能生长。什么叫"和"？他说："以他平他之谓和。"

在旷野中集合群众，象征在广阔的范围，公平无私地与人和同，这是圣人理想中的大同。世界上所有的人和同，当然就会一切亨通。君子应当效法这一精神，以同类聚集成族的大同精神，去辨别万物的差异，亦即在事物的处理上，重视大同，不可计较小异。孔子在《系辞传》中解释说："君子之道，或出或处，或默或语。二人同心，其利断金。同心之言，其臭如兰。"君子立身处世的原则，或者从政，或者隐居，或者缄默，或者议论。二人一条心，就有断铁的锐利。志同道合的言论，就像兰花一般芬芳。《论语》中记述孔子为寻求实现抱负的场所周游列国，途中被正在耕田的隐士嘲笑。这时孔子说："鸟兽不可与同群，吾非斯人之徒而谁与？"人不可以与禽兽住在一起，采取逃避现实的态度。我不与人在一起，又能跟谁在一起呢？说明和同应本积极的态度，但也并非同流合污。

十四、大有

《大有》：元亨。

初九：无交害匪咎。艰则无咎。

九二：大车以载，有攸往，无咎。

九三：公用亨于天子，小人弗克。

九四：匪其尪，无咎。

六五：厥孚交如威如，吉。

上九：自天佑之，吉，无不利。

大有卦阐释成功后的因应原则。

有了大的成就和收获，也就是有了相当高的社会地位，或有很大的权势，因此，做什么事情就比较顺畅了。

有了成就以后，不可骄狂，不可忘本。因为有了大的成就和收获，从而就与他人断绝了交往是会带来损害的。怎么才能做到不犯错误呢？不时地想着艰难的时候，就会不犯错误了。当拥有权势与地位，又具备领导才能，绝不能骄傲，踌躇满志，得意忘形，应知戒慎恐惧，光明磊落，刚健而不失中正，应当礼贤下士，谦虚自我克制。

有了成就和收获，不自吹自擂，不自我炫耀，就不会有灾祸。相反，有了成就和收获，不谦虚谨慎，自我吹嘘，目空一切，就会引来灾祸。有了成就，像从前和人交往时一样讲诚信，而且说话、做事有一定的威力，则是吉祥的。有了成就，也要注意自己的形象，也要讲求威信，不要给人以判若两人或小人得志的感觉。建立威信，仅靠权势还不行，还需注意自己的言行。有了成就后，还要顺应自然规律行事，老天爷就会保佑，就可以将事情办好。

此外，我们还常有"运气"好、坏之说。做什么事情的确有个机遇问题。偶尔发生的事情，很可能改变事物的整个进程。因此，我们常说，要抓住机遇。以诚信沟通上下，以威信确保秩序，顺应自然，以善意与人和同，才能使人心悦诚服，获得成功。

和同即能大有，大有促进和同，交互为用。《序卦传》说："与人同者，物必归焉，故受之以大有。"虚心与人和同，万民必然归顺，而后就大有收获。"大有"是大的所有。但任何事物，盛极必然酝酿危机，必须自我抑制，才能避免灾祸。上以诚信待下，下必然会以诚信回报。上下以诚信相交，必然会激励士气。

十五、谦

《谦》：亨。君子有终。

初六：谦谦君子，用涉大川，吉。

六二：鸣谦，贞吉。

九三：劳谦君子，有终，吉。

六四：无不利，捣谦。

六五：不富以其邻，利用侵伐，无不利。

上六："鸣谦"，利用行师征邑国。

谦卦喻示谦虚之德，可以导致亨通的道理。

不自满，能虚心向人请教又肯接受批评，就可以顺通无阻，一个正派的、有作为的人会自始至终是这样的。古有"满招损、谦受益"之语，至今为至理名言。也可以说，谦逊的人不仅可以长进学业，而且可以增进道德修养，同时又可以免除灾祸。

《周易》十分推崇谦虚之德。在其六十四卦中，没有全部是吉或是凶的卦，唯有谦卦，六爻都吉利。可见自古以来，对谦虚这一美德的重视。譬如天的规律是下降济物而天体愈显光明，地的规律是低处卑微而地气源源上升。天的规律是亏损盈满而补益谦虚，地的规律是变易盈满而充实谦虚，鬼神的规律是危害盈满而施福谦虚，人类的规律是憎恶盈满而喜好谦虚。谦虚的人高居尊位，其道德更加光明；下处卑位，人们也难以超越，只有君子能够保持谦德至终啊。《周易》六十四卦三百八十四爻，于阴爻阳爻、阴位阳位的象征体系中，往往喻示着冲和守谦之旨。

谦虚谨慎不是空口说出来的，而是做出来的。动机不纯，便是假谦虚，是虚伪。想待人处事持谦逊谨慎态度，就应该有所表现，让他人能够看到、听到、感觉到，再加上动机纯正，就会吉利平安。辛辛苦苦工作而立下了功劳的人，又非常谦虚谨慎，会永远吉利的；不居功自傲又勤恳工作的人，会永远平安吉祥。谦虚谨慎还表现在，他人有难处时出手相助。对他人雪中送炭，会使人念念不忘。在开始从事一项重要事情的时候，能够不自以为是，公开地、谦虚地听取他人的意见，是会有利的。虚心地听取他人意见，并不等于没有主见；反之，有主见也不能刚愎自用。做某一事情，鼓励他人献计献策，并吸取合理的建议，有利于事业的发展。

谦虚，并非消极地退让，而是积极地有所作为，重心在"哀多益寡，称物平施"。唯有平等，才有真正的和平。谦虚的动机，必须纯正，才能赢得共鸣和爱戴。只求耕耘，不问收获，居上位而能发挥谦虚的精神，足以骄傲而不骄傲，能够以德服人，才称得上谦虚。而且，谦虚必须有实质，否则就成为虚伪。谦虚也必须与实力相结合，才能有作为。应当礼贤下士，自我克制。以诚信沟通上下，以威信确保秩序，顺应自然，以善意与人和同，满而不溢，才能使人心悦诚服，获得成功。所以说，谦虚可以亨通，开始或许不顺利，但由于谦虚，必然得到支援，最后能够成功。

《象传》对谦卦的阐释，格调特别高，可见儒家如何尊重谦虚。而老子的《道德经》，也可以说是专门用来解说谦虚的。墨家的兼爱，也源自这一谦虚的精神。"谦谦"是谦虚更加谦虚的意思。谦虚再谦虚，是君子以谦卑的态度，陶冶自己的修养。朱子说：谦让，也是兵法的极致，这是以退为进，导致胜利。大国对小国谦卑，就能取得小

国的服从；小国对大国谦卑，就能取得大国的包容。始如
处女，敌人开户；后如脱兔，敌不及拒。

易理与人生

十六、豫

☷☳

《豫》：利建侯行师。

初六：鸣豫，凶。

六二：介于石，不终日，贞吉。

六三：盱豫，悔，迟有悔。

九四：由豫，大有得，勿疑。朋盍簪。

六五：贞疾，恒不死。

上六：冥豫，成有渝。无咎。

豫卦阐释和乐的原则。

大有成就，而且谦逊，当然出现和乐的现象。但《周易》也谆谆告诫人们，和乐容易沉溺，危机往往隐藏在安乐之中。也就是俗话说的，"生于忧患，死于安乐"。

在安乐的时候，保持警惕是应该的，但也不能过于多疑。亲朋好友在一起聚会、饮酒，可以随随便便的，不必正襟危坐，不必拘泥礼仪。只有这样，部属才会忠心耿耿。由此才会安定团结，得以安乐。与部属同甘苦共欢乐，才能赢得人心。但在安乐的时候，要坚持正道，想着疾苦，就能长久顺通。

和乐是众乐，而非独乐。不可自鸣得意，不可在安乐中迷失，必须安如磐石，坚持中正诚信的原则，精诚团结，因应时机，适时转变。否则，乐极生悲，必然陷于危机，即或不灭亡，也将奄奄一息，难以长久。如果在昏天黑地地享乐一番之后，幡然悔悟，还可以免除灾祸。这叫亡羊补牢，犹未晚矣！能够做到这一点也很难。在《三国演义》中，刘玄德被东吴招亲，在东吴和孙夫人过起荣华富贵的生活，几乎将取天下的大志忘掉。后来赵子龙拆看军师诸葛亮的锦囊妙计，谎报荆州危机，刘玄德才有所醒悟，立即携夫人返回荆州。

要顺应时势行动，正如同天地。天地尚且如此，更何况建立功名基业或动用武力呢？天地顺应时机行动，所以日月运行不会有错误，四季循环不会有偏差。圣人顺应时机行动，所以赏罚公正，人民悦服。在安乐中不可沉溺，应保持警觉，坚守中正。由于纯正，因而吉祥。《大学》说"安而后能虑，虑而后能得"，就是这个意思。

十七、随

《随》：元亨，利贞，无咎。

初九：官有渝，贞吉，出门交有功。

六二：系小子，失丈夫。

六三：系丈夫，失小子，随有求，得。利居贞。

九四：随有获，贞凶。有孚在道，以明，何咎？

九五：孚于嘉，吉。

上六：拘系之，乃从维之，王用亨于西山。

随卦阐释追随、随和的原则。

跟随他人做事，要随和、顺从，对于上级领导者的意图要照办、坚决执行，才能顺达、亨通，才能不遭灾祸。历史上有多少忠直之士或因抗上或因直言而蒙受不白之冤。人与人之间，个人利益往往会有冲突。有时必须舍弃个人私见、私利，随和众意、众利，才能维护安和乐利的社会。因而，不可固执己见，应当以群众的利益为依归。不可贪图近利，有失本分，动机必须纯正，应当以诚信为基础。明辨进退取舍，择善固执。唯有至诚，才能精诚团结，达到安和乐利的目标，这也正是今天的民主精神。

当出任的官位有变动时，不可愤慨，仍然要坚守正道，才会吉祥。官职有变化，用现代词语说就是"能上能下"。官位升迁了，不能因此而自傲自大；官位下降了，也不可牢骚满腹、说三道四。一个当副手、助手的人要广泛联系群众，才能了解下情及全盘情况，才能使自己的工作更有成效。应当走出门外，与他人交往，扩大接触面，才会有利。破除私见，以群众为依归，随从大众的利益，才会有功效。追随者应当诚信、守分，而且明辨进退的道理。如果接近尊位，实力又与尊位相当，有能力，又在尊位近侧，当然可以达到愿望。然而，如果凌驾尊位之上，就难免被猜疑，即或忠贞，也有危险。同时，与有权势的人关系密切，就会与地位低下的人疏远。追随大人物，会得到自己需求的东西，但还是坚守正道为好。奔走于权门的人，往往瞧不起地位低下的人。此外，这些人大多是有攀龙附凤之心的。地位低下的人，也大多不愿与这种人往来。奔走权门，如果不守正道，很可能会招来祸事。

当助手要两袖清风，否则就会让人觉得有所图。因此，做每一件事，走每一步路，都应该坦坦荡荡的，让人看到、清楚你到底在做什么。这样，别人就不会怀疑你了。不过，心存诚信，不背离正道，了解明哲保身的道理，能够使在上者放心、在下者心服，就不会有任何灾祸了。

易理与人生

十八、蛊

䷑

《蛊》：元亨。利涉大川，先甲三日，后甲三日。

初六：干父之蛊，有子考无咎，厉终吉。

九二：干母之蛊，不可贞。

九三：干父之蛊，小有晦，无大咎。

六四：裕父之蛊，往见吝。

六五：干父之蛊，用誉。

上九：不事王侯，高尚其事。

蛊卦阐释振疲起衰的原则。

实行整顿，会使衰败的事业从根本上顺通。这样，有利于克服艰难险阻。整顿要耐心，要进行深入的调查研究，要亲自处理事务，以身作则。"先甲三日，后甲三日"，要向前追溯弊乱的根源，向后估计弊乱发展的后果。

盛极而衰，乐极生悲。耽于安乐，会由太平盛世演变成乱世。然而，面对乱世，有志之士，不可坐以待毙，而应该有所作为，何况正是值得英雄豪杰冒险，去施展抱负的大好时机。挽救已经败坏的事业，必须在艰苦中奋斗。谴责过去无益，应着眼于将来。应把握中庸的原则，不可采取过于刚强的手段，以致引起反抗；但也不可宽容妥协，必须彻底革新。振疲起衰，必须有得力的助手，应当任用贤能；而且不是短时期的工作，应当培育人才，使后继有人。还应有隐士般高尚的气节，坚持自己的原则，有成功不必在我、奋斗当以身先的胸襟，才能挽狂澜于既倒，重开太平盛世。

随和容易同流合污以至腐败，腐败就需要革新。革新需要随和众利，两者交互为用。《序卦传》说："以喜随人者，必有事；故受之以蛊。蛊者，事也。""蛊"是器皿中的食物腐败生虫，象征从太平盛世到秩序崩溃，陷入混乱，发生事端。快乐地与人随和，终于沉溺于欢乐以至腐败，发生事端，就必须以壮士断腕的决心，将腐败切除，才能治愈。

任何事物都必然盛极而衰。在将要崩溃时，事前就应当有自新的精神。想到即将发生事端，要尽力防患于未然。往往事端在刚发生时还不严重，应当反复观察，及时加以挽救。上一辈人因身在其中，做错事也难以察觉。察觉了，或者碍于面子，或者出于利害关系等，不能对自己的错事加以纠正。子承父业，便要进行整顿。子对父事进行整顿，应该认真彻底，才能化消极为积极，才能革除弊病。不痛不痒地进行整顿，便不能产生好的效果。最后只能自欺欺人，导致失败。对于家务事，无论对错，是不必过于认真和进行追究的。整顿腐败自然是好事，但有些事是由前辈造成的。因此，将这些宣扬出去，可能会遭到人背后的议论和指责，但也无关宏旨。因为腐败之事是前辈人所为，虽对后辈人有所影响，但大多数人会正确评价，后辈革除了弊端，消除了隐患，就会树立起新的威信。如其知错而不纠正，不是耻辱是什么？明知是错，却加以粉饰而不予以革除、匡正，便是错上加错。积重难返，便会导致失败。整治腐败，不是为了个人，而是为了使事业更为发达。总之，乐极生悲，盛极必衰，这正是值得有志气的人冒险，去施展抱负的大好时机，应当以自新的精神，反复思考，慎重从事。演变的结果，天下又会重建秩序。

在下者屈卑顺从，在上者停滞不前，必然就会腐败，因而命名为"蛊"。当事物败坏时，不能坐着等待，必须

有所作为，振奋人民，培育道德。挽救败坏的事业，必然
是在艰苦中奋斗，不可刚强过度。必须彻底，不可过于宽
容。必须任用贤能。应有隐士般高尚的气节，坚持自己的
原则。

十九、临

☷☱

《临》：元亨，利贞。至于八月有凶。

初九：咸临，贞吉。

九二：咸临，吉，无不利。

六三：甘临，无攸利；既忧之，无咎。

六四：至临，无咎。

六五：知临，大君之宜，吉。

上六：敦临，吉，无咎。

临卦阐释当好一个领导者的原则。

天下有事，有志之士不能坐待，应当积极参与，有所作为。但挽救危亡，必须团结动员群众，运用组织的力量，因而，统御领导的才能就非常重要。而且时机稍纵即逝，必须及时。

一个领导者在收获的季节应该提高警惕，要防止外

患和内乱。无论古今，防止外患和内乱，都是领导者必须
考虑的问题，即使是在和平时期。一个领导者，对自己治
下的事物全都要进行监督、管理，但要坚持正道。要领导
好一群人，也不是很容易的事情。事无巨细，你都得过
问，哪一方面都不能疏忽大意。既然都要过问，就必须坚
持原则，秉公行事，才能使事业发达繁荣。这是强调一定
要掌握全面，要事必躬亲，处处发挥领导作用。

当领导的人，不能言而无信，不能光说好听的话、
空许愿。如果这样，到头来不仅丧失威信，而且还会招来
怨恨，离心离德。这就是说，领导者要言而有信，同时要
给部下带来实际好处。在某部门发生了难以解决的困难或
者重大问题时，高层领导者应该亲临现场、亲自指挥。这
样，可以鼓舞士气，可以使一些棘手的问题得以解决。

一个强有力的领导者应该了解情况，用智慧来领导。
人的智慧之一，就是善于了解真实情况，然后再明智地去
处理问题。这是一个称职的领导者应该具备的品质。只有
知情，才能作出正确判断，有了正确判断，也就容易找出
处理问题的办法。

领导者应以高尚的人格感召，以威信维持纪律，恩
威并施，不可以用诱骗手段。应当运用智慧，有知人之

明。选拔贤能，严于律己，宽以待人，敦厚而不苛刻，使人心悦诚服，上下融洽，发挥组织力量，有所作为。

领导者的工作方法，还有检查和督促。只布置工作、下达命令，而不进行检查和督促，不对当事人有所奖惩，事情不会做好，事业不会发达。奋斗当以身先，成功不必在我。以君子来说，应当经常反省观察自己的日常作为，坚守中正，当然就不会有灾祸。《序卦传》说："有事而后可大，故受之以临。临者，大也。"因为发生事端，经整治后才可以大有发展，所以不能等待，应积极参与。

二十、观

《观》：盥而不荐。有孚顒若。

初六：童观，小人无咎，君子吝。

六二：窥观，利女贞。

六三：观我生，进退。

六四：观国之光，利用宾于王。

九五：观我生，君子无咎。

上九：观其生，君子无咎。

观卦阐释观与瞻的道理。

古人在年、节或决定什么大事时，要祭神、祭祖。为表示虔诚和尊敬，在祭祖之前要斋戒沐浴。参加他人的祭神、祭祖活动，就等于与人结盟或者明确表示投奔人家。因此，在未拿定主意之前，就不能参加人家的祭祖活动，但应该表示恭敬之意，再做出非常仰慕人家的样子。这样做有几分做作，但却是一种礼仪，即为自己留后路的表现。这样，经过仔细观察，权衡利弊，再决定自己的进退。

　　在形势不明的时候，不要轻易表态。在上者的一举一动，都成为注意的焦点，无时无刻不在被注视中，因而，不可掉以轻心，不能轻率行动。像儿童那样简单、幼稚地观察人间时势，对平民百姓来说，没有什么，但对一个胸怀大志的人来说，就是耻辱了。也就是说，观察人、事要仔细、认真，要独具慧眼，善于发现一般人所看不见的东西，而不被表面的东西所蒙蔽。必须诚信严正，以道义展示于天下，才能得到人民的信任与尊敬，服从领导，产生力量。相对地，在上者对外要观察民情了解民间的疾苦，有所作为；对内要观察自己的言行作为，不断反省检讨，止于至善。要观察自己的生存条件和环境，来决定自身的进退，或者出来做官，或者辞去官职。一方面要审时度势，一方面要有自知之明，在不利于自己生存、发展的时候，就应该隐退；在条件有利的情况下，度量一下自己的能力。再考虑出来做官。知进知退可以免除灾祸。该进则进，该退则退。一味冒进，没有什么好处。政治理想，永远不会满足，不可无知，不可褊狭，不可自满，应有主见，坚持原则，不断追求更高的目标。对一般人来说，同样也要遵循这一观察的原则。

《序卦传》说："物大然后可观，故受之以观。"观是展示与仰观的意思。这一卦所阐释的是，要将道义展示于众人之前，众人必然也对自己瞻仰的道理。《卦辞》以祭祀为比喻，说在祭祀之前洗手的时候，就要向尚未举行奉献的祭品同样地虔诚严正，才能在人们的心目中建立信仰，被恭敬仰慕。亦即要像祭祀般虔诚，不可轻率行动，才能使人信仰尊敬。有的观察是需要回避的，包括男女之事和他人的隐私，这不仅仅是个道德问题。窥探他人的隐私也可能会招来祸事。在下者看到盛德，就会被感化。仰观天的神秘法则，四时循环，不会有偏差。因而，圣人效法天的神秘法则，设立教化，顺应自然，则天下就在不知不觉中信服。

《象传》说："风行地上，观。先王以省方观民设教。"先王巡省各地，看到一个国家的风俗民情，就知道该用怎样的手段去教化天下。要有远见，要从现在看到未来的发展趋势，以便作出抉择。如果从自己所走过的道路来看自己的所作所为，并由此考虑得失利弊，一个胸怀大志的人就不会有过错了。这就叫"自我反省"。统治者只要观察风俗民情，就知道自己的作为是否正当。在上者时刻被观察，政治理想永远不能满足，不可自满，掉以轻心。只要认真观察周围客观事物的发生、发展规律，并遵循这些规律，形势不明，不轻易表态；不简单、幼稚地看问题；不该看的，不去看；视环境优劣而进退；能发现未来的发展趋势；能自我反省，并以观察到的情况引以为戒，就可以免除灾祸。

二十一、噬嗑

䷔

《噬嗑》：亨。利用狱。

初九：屦校灭趾，无咎。

六二：噬肤灭鼻，无咎。

六三：噬腊肉遇毒，小吝，无咎。

九四：噬干胏，得金矢。利艰贞，吉。

六五：噬乾肉得黄金。贞厉，无咎。

上九：何校灭耳，凶。

噬嗑卦阐释刑罚的原则。

噬嗑，是象征或比喻。治理国家、政事，好像用牙来咬开或咬穿什么硬东西。治理，就像在遇到各种各样的阻碍时，只要克服这些障碍，就能够打开局面，才会通达顺畅。而达到这一目的的有效手段是运用刑律和刑罚。以法治国，会使国家兴旺发达。法治是政治的根本。为排除障碍，保障善良，建立及保持秩序，往往不得不采取不得已的刑罚手段。实行了刑罚制度，使违法犯罪的人收敛起来，有所顾忌，犯罪的人就少了，这样做是正确的措施，如此治理国家就会政令通达。

　　罪恶必须及早加以阻止，以防止蔓延。在治理政事时，要全面进行管理和加以约束，同时，要铲除突出的，这样做就不会犯错误。治理政事，要做好面上的事情，要实行全面管理，让一切事物都置于一定的约束之中。对于突出的问题，要当机立断加以彻底解决。对于不服从政令的特殊人物，则要采取断然措施。突出的问题包括重大问题和棘手问题，只要将这些问题解决，其他问题便可迎刃而解。这也叫抓重点。应当重罚，以"小惩大诫"。办理有些棘手的事情，会让人感到如同咬到又干又硬的腊肉一样，但这只是小的挫折，没有灾祸。做什么事情都不会一帆风顺的，治理军国大事自然不会例外。要治理，就会遇到难题和麻烦，甚至还会遭到危害。这是治理和反治理。在治理的过程中，会有烦恼和受到危害，但治理成功，就能免除大的灾祸。然而，却又不能不使用刑罚，所以必须中庸、正直、明察、果断，刚柔并济，坚持原则，公正执行。否则，一旦泛滥，就不可收拾了。

　　《序卦传》说："可观而后有所合，故受之以噬嗑。嗑者，合也。"能够使人人仰慕，才能巩固领导中心，产生向心力，促成团结。凡事不能亨通，必然中间有障碍，将中间的障碍咬碎，当然就亨通了。与此同时，还会有人用重金来行贿，并信誓旦旦。在这种情况下，还是应该坚守正道、始终不渝，这样才会吉祥和平安。有些难以解决的事，或者涉及权门贵胄，或者涉及亲朋好友，或者涉及顶头上司，或者牵连许多有权有势的人，于是，难题就来了。甚至有时还会遇到君王暗中进行干预并且许愿给予好处，这就要严格坚守正道才不犯错误。狱中的西伯，常自比君王，也常表露出自己毕竟是君王之下的臣子。西伯说，要想把国家治理好，一个执法办事的人，无论在何种情况下都要坚持正道，即使君王干涉并给予了好处，也不应不照章办事。这当然对治国有好处，但对实行治理的人未必有好处。西伯自己就是个例子。

　　在专制社会中，君王的干预使执法人员无从执法。但不是顺从了君王的旨意便无祸事，在特定时刻，君王许会推卸责任，执行人便会成为替罪羔羊。《论语》中说："刑罚不中，则民无所措手足。"刑罚不能恰当，人民将不知如何是好。因而，刑罚必须公正。《系辞传》解释说：

"小惩而大诫，此小人之福也。"小的惩罚，使人戒恐，不敢犯大恶。对小人物来说，就是福。亦即恶行要及早制止，小罪要加以惩罚，以免蔓延成大恶。犯错如果不给以相当重的惩罚，将收不到惩戒的效果。刑罚的困难，必须冷静果断，坚守正道，谨慎用刑。刑罚是不得已的手段，必须刚柔并济，仅靠杀人是不行的。到了凭借大开杀戒治理政事的地步，说明治政无方，一切措施都不得力，如此，必然是凶险的。

二十二、贲

《贲》：亨。小利有攸往。

初九：贲其趾，舍车而徒。

六二：贲其须。

九三：贲如濡如，永贞吉。

六四：贲如皤如，白马翰如，匪寇，婚媾。

六五：贲于丘园，束帛戋戋，吝，终吉。

上九：白贲，无咎。

贲卦阐释礼仪的原则。

美化自己的形象，有助于做事通达。不过这种自我美化只在小事情上起作用，可以得到一些小的利益。美化自己的形象，不仅是指个人，也适用于一个团体、一个单位。例如某公司、某企业集团，要想事业发达，必定要向社会宣传自己，树立自己的形象，扩大自己的知名度。这就要对自己的形象加以装饰和打扮，也就是进行美化。

美化、宣传自己，会对自己事业的发达繁荣有好处，但这还不是决定性的。决定性的是自己的信誉，自身的经济实力及产品的功能、质量是否优秀，是否为市场所需要。反过来，你的产品优秀却没有加以装饰也不行，例如某些产品尽管物美价廉，但因包装不行，也不能打入国际市场。一件优秀产品的外观也是很重要的。正如一个人，外观的整洁、文雅会给人带来良好印象。任何人、任何事物、任何团体都应该注意自身的外观形象。因而，制订文明的礼仪，规范个人的分际，成为不可少的文饰。然而，一切人为的文饰，应当恰如其分，应当高尚而不流于粗俗。应当领悟一切文饰都是空虚的道理，唯有重实质、有内涵的朴实面目，才是文饰的极致。

《序卦传》说："物不可以苟且而已，故受之以贲。贲者，饰也。"物的聚合，必然有秩序与模式；人的集团，也需要有礼仪的装饰。以文明的制度，使每个人止于一定的分际，这就是人类集体生活必需的装饰。所以，称为贲卦。

"观乎天文，以察时变；观乎人文，以化成天下。"观摩自然现象，以明察四季时序的变化；同样地，观察人的伦常秩序，以教化天下，达成移风易俗的目的。君子应当效法这一精神、文饰应当恰当。刚毅贤明，甘心在下位，一心美化自己的行为，择善固执。贫贱不移、洁身自好的人，就是送给他不应当有的华丽的车，也不会坐，宁愿舍弃车而徒步行走。一切文饰都是空虚，应返璞归真。人类的装饰是礼法，当礼法达到极致时，又恢复到朴素。不可被文饰迷惑。有的文饰虽然光泽柔润，但不是自己相应的正当匹配，虽然令人陶醉，却不能被诱惑，以至沉溺不能自拔。所以永远坚守正道，才能吉祥。《象传》说："永贞之吉，莫之陵也。"这样才始终不会被人凌辱。

西伯告诫人们，对于自己的欲望，不要完全显露出来。要想达到什么目的，应该迂回进行，否则，欲速则不达。此外，这里也有隐藏自己本来面目的意味。在当代社会，商业情报也是极其重要的，各大企业都会对内部商战方案加以保密，同时，也要极力树立自身的企业形象，这就不得不将自己的弱点掩饰起来。

美化自身的工作要讲求艺术性和效果，同时还要长久地保持下去，不要半途而废。既为美化形象，就应该让人感觉到美。美化自己要达到老人长白须那样自然，也像白马或白天鹅那样美丽，同时还要让人感觉，这样做不是强行要求的。老人的须发皆白，是很自然的事情，美化自己如同老人须发白，就是强调美化、装饰自己要自然，合情合理。这好像一匹白色的马，要白得漂亮，给人的印象是强烈的、单纯的、美好的。不要让人觉得你的美化是另有图谋的。美化自身，让别人接受、欢迎、喜爱，也应该是让人家自然而然地接受、欢迎和喜爱，而不是强人所难，让人家勉强接受或不得不接受。强扭的瓜不甜。让他人在不知不觉中感觉到的美，才是成功的美化。

做美化的事情，不要铺张浪费。钱财要花在实处，不要用在虚处。不该用钱或应少用钱的地方，就应不用钱或少用钱。美化不适当，也不能达到美化的效果。美化自己的形象，而又使人感觉不到进行了"美化"，才是出色的美化。高级的美化和装饰不露一点痕迹，可达到返璞归真、天然无饰的地步。露出斧凿的痕迹、人工的痕迹，是低劣的美化。低劣的美化，不仅没有美化的作用，反而会使人反感。

二十三、剥

☷☶

《剥》：不利有攸往。

初六：剥床以足，蔑贞凶。

六二：剥床以辨，蔑贞凶。

六三：剥之，无咎。

六四：剥床以肤，凶。

六五：贯鱼以宫人宠，无不利。

上九：硕果不食，君子得舆，小人剥庐。

剥卦阐释应对腐蚀的原则。

在败势显露的时候，不宜有什么举动。这不是求发展和大有作为的时刻，而是衰退败落的气象明显暴露出来的时刻，虚假的东西已经剥落了，人们已经看清楚，美化、装饰已经无用了。在这种时候，应该冷静地面对现实，看看今后会有什么变化，而不应再去蛮干、盲干。

败势显露，表现为根基的动摇。根基动摇，起因正是用无视正道的方法去治理，这时候再去轻举妄动，不是更加凶险吗？一个经营不善的企业，面临倒闭，却又去做违法的事情，那后果是不堪设想的。物极必反，当一味注重形式，虚伪到达极点时，就面临不可救药的黑暗时期。这一消长盈亏的必然演变过程，人力无法挽救。历史上许多显赫一时的大帝国，莫不因此而沦亡。这时，小人势力不断扩张，君子日益被迫害，达到凶险的程度，虽然也有人不同流合污，但也难期望发生作用，唯有期待小人反省，或出现有德有能的领袖人物，实际上也极为渺茫。但君子只有顺应时势，谨慎隐忍，以求自保了。衰败之势已经显露，索性自己剥去它的表象，这是自我暴露和自我认识。已经出现了败势，就需要有勇气正视，有魄力自我检讨，这样才是正确的选择。知道自己的病在何处，就好用药了。出现败势，不采取果断措施从根本上改变这种状况，表面应付，实际上是听之任之，解决不了根本的问题，只能迎来更大的凶险。

许多人在一起共同创事业，事业出现危险，就需团结一致、同甘共苦，谁都不能逃脱责任，生死都是连在一起的。同时，统领的部下也不能慌乱，而应按部就班、雁行有序，各负其责。这样，即使不能扭转衰败之势，也不至于立即垮台，而且可能会争取到最好的结果。越是危机时刻，越需要沉着冷静。例如打了败仗，有秩序地撤退，就可以减少损失。事业衰败了，树倒猢狲散，谁都不会得到什么大的好处。在这种情况下，有志向的人目光就会投向那些会对将来的发展有好处的资料和资源等，而那些鼠目寸光、只重实利的人，就赶快去争夺遗留下来的"碎砖乱瓦"，什么东西都要，只要还能值几个钱，只要能拿到手。

《序卦传》说："致饰然后亨，则尽矣，故受之以剥。剥者，剥也。""剥"就是剥落，侵蚀。一味注重文饰，到达极点，就完全形式化，成为虚饰，不免就要产生剥落的现象。在小人得志、君子困顿的时刻，只有顺从，谨慎隐忍，而采取积极行动，则会不利。山本来高耸在地上，因为土剥落才附着于地。在上者，应当领悟这一道理，以敦厚对待在下者，本身的地位才能安泰。因为世界上的一切事物，下层基础深厚，上层必然安泰，不会剥落。

二十四、复

《复》：亨。出入无疾。朋来无咎。反复其道，七日来复，利有攸往。

初九：不远复，无祗悔，元吉。

六二：休复，吉。

六三：频复，厉，无咎。

六四：中行独复。

六五：敦复，无悔。

上六：迷复，凶，有灾眚。用行师，终有大败，以其国君凶，至于十年不克征。

复卦阐释恢复的原则。

物极必反，当剥落已极时，必然又否极泰来，转危为安，恢复到能够有所作为的时期。

恢复的原则，必须根绝过去的错误，重新回复到善道。恢复的法则，应当在腐败开始，过失尚未严重之前，及时反省改善，否则积重难返。而且，必须彻底检讨，周详策划，谨慎行动，不可重蹈覆辙，一错再错，以致事倍功半，甚至前功尽弃。

从善如流是美德，但当恢复时期，正义尚未形成力量，成败未定，吉凶难以逆料，仁人志士就应当特立独行，择善固执，不同流合污，坚持原则，不计个人利害，为所当为，尽其在我，以促使恢复时期早日到来。天道循环，大势所趋，如果执迷不悟，必然凶险。

复兴事业，不能远离初衷和原来的基础。远离初衷和原来的基础，就不叫复兴而叫创业了。创业是白手起家，复兴则是在原有的基础上重振旧势，使旧有的、衰败的事业得以再次焕发活力。

复兴事业，得具备一定的基础和条件。基础和条件指人力、财力和环境、机会等。只有准备充分、基础牢固、时机成熟，才能获得成功。

复兴事业，要有危机感，要严肃认真对待，要严厉地实施各项计划。不要盲目乐观，要多想一想不利因素，要认真努力地工作，才能达到既定目标。

复兴事业，不要操之过急。刚开始最好是以中等速度运行。急于求成、好高骛远不行，胸无大志、缺乏魄力也不行。同时还要注意，许多工作要亲自去做，不要依赖他人，不可失去自主权，将自己的命运寄托在他人身上是很危险的。

复兴事业，要有清醒的头脑，要看清得失利弊，了解自身的环境、条件和外界的环境、条件，知道哪些可以做，哪些不可以做。否则，不仅不会成功，反而会引来灾难和祸事。做任何事情都是如此，无论领导军队，还是治理国家。

事业复兴了，要对各项工作加以督促、检查。这样，就没有过失了。领导工作的重要项目之一，就是对其所做的布置加以督促、检查。没有督促、检查，就不知道下达任务的落实完成情况，到头来可能发生严重问题。抓而不紧，等于不抓。

易理与人生

二十五、无妄

《无妄》：元亨，利贞。其匪正有眚，不利有攸往。

初九：无妄往，吉。

六二：不耕，获；不菑，畬；则利用攸往。

六三：无妄之灾，或系之牛，行人之得，邑人之灾。

九四：可贞。无咎。

九五：无妄之疾，勿药有喜。

上九：无妄行，有眚，无攸利。

无妄卦阐释不虚伪的道理。

不做荒谬不合理的事情，会带来大的通达和顺利，也有利于自己所信守的原则，否则就会带来灾祸。这就是说，无论做什么事情，都不能胡来乱干，都不能失去理性和原则。

当一切恢复正常，又将回到真实、不虚伪的无妄时期。不虚伪，当然有利，但也不能保证一定就有善报，甚至反而会有灾害。然而，不虚伪是天理，人道必当如此。立身处世，必须刚正无私，不造作，不逞强，不存非分的奢望，不计较得失，当为则为，尽其在我，才能够心安理得。《序卦传》说："复则不妄矣，故受之以无妄。"妄与诚相反，是虚伪的意思。人们不可妄，即不虚伪，亦即依照道理，自然应当如此。《史记·春申君列传》中将"无妄"写作"无望"，是不希望如此但却如此，成为意外的意思。这一卦，是望外的福；也有依道理必然如此的意思。

不做荒谬不合理的事情，也就是按原则、按客观规律办事，就会得到吉祥和平安。期望不耕耘就有收获，刚开垦的田地就能丰收，这是不可能办到的。

不做荒谬不合理的事情，有时也会有灾祸，例如有拴着的牛，被过路的行人顺手牵走了，结果居住在周围的人受到怀疑，背了黑锅。这就是说，生活中会有意外的事情发生。但只要坚守正道，就不会有灾祸和过失。

坚守正道，即遵守一种正义的准则。不过遵守准则也要"适当"，过犹不及。不做荒谬不合理的事情也会有缺点，但不要由此而改变，而应继续坚持"无妄之道"，就会有喜庆。人与人不同，站在不同的立场，持不同的观念，对待某一问题就会有不同的看法。你认为荒谬的，我不一定以为荒谬；我认为不合理的，你不一定以为不合理。因此，真正做到不做荒谬不合理的事情，也不是那么容易的。你坚持这么做，很可能会有人指责你，挑你的毛病，那么就应当心中有数，不能左右摇摆，听风就是雨。自己认为对的，就应坚持。主观上不想做荒谬不合理的事情，错误也是难免的。无论动机如何，只要做错了，就会造成损失。

　　不期望不耕耘就有收获，不期望刚开垦的田地就能丰收。人的作为，如果期望过分的收获，就是妄；听其自然，但事耕耘，不问收获，才能称得上无妄。所以，《象传》说："不耕获，未富也。"不耕耘而有收获，这样并不会富有。无妄就是不存非分的奢望。

二十六、大畜

䷙

《大畜》：利贞。不家食吉。利涉大川。

初九：有厉，利已。

九二：舆说輹。

九三：良马逐，利艰贞，曰闲舆卫。利有攸往。

六四：童牛之牿，元吉。

六五：豶豕之牙，吉。

上九：何天之衢，亨。

大畜卦指出应当适可而止、积蓄力量的道理。

得意不可再往。过分冒进，就有陷入危险的可能。所以，必须警觉艰险，坚守正道。就像在追逐敌人之前，要先训练驾车的车夫、护卫的战士，并且使自己的车确实坚固耐用，再前往追逐，才会有利。

在积蓄力量的时候，保持纯正的操守和气节是有利的。在这种情况下，不依靠家中的供养，到外边去做事，有什么难关也会很容易度过。积蓄力量，既要积极壮大自己的力量，增强自己的本领；又要等待时机，使自己有更大的发展。既然是等待求发展，就不能待在家中的安乐窝里，而是应该去闯荡世界，在社会的风雨中增长见识和实际本领。只有这样，才能克服艰难困苦，才能做一番大事业。

在积蓄力量以求大的发展的时候，要严格要求自己，要有危机感。在政治气候好、社会环境好的时候，有利于增强自身的实力。对于有利的时机，是不能轻易放过的。在积蓄力量的情况下，要内部统一，团结一致，共同为某一事业服务。如同同在一驾马车上，不同部门的人如同车厢和车轮一样，必须相互配合，才能发挥作用。为同一事业共同奋斗，谁都离不开谁。职务不同，职能不同，都是相辅相成、互相依存的。因此，为了共同的事业，要处理好人与人之间的关系。《礼记·学记》说"大学之法，禁于未发之谓豫"，还没有发生，就要预先禁止。能防"恶"于未然，所以大吉。最有效的阻止，是止于未然。凡事要用釜底抽薪的方法，才能根本解决。在政治运用上，也是如此。恶行已经形成，再去正本清源，毕竟不及防患未

然。最有效的阻止方法，不是阻止，而是疏通。能像天空

一般畅通，使人人各尽所能，各取所需。既富且强，往往

知进而不知退，容易过度自信、轻举妄动，造成不可收
拾的严重损害。应当停止时，断然停止，必要时并加以
阻止。有效的阻止方法，是防"止"于未然，正本清源，
釜底抽薪；而最有效的方法，则是止而不止，疏导使其畅
通，而不必阻止。

　　积蓄力量，就好比驾驶着良马和他人进行竞争。这
时候要熟悉驾车的技术和精良的武艺，才会有利于发展。
要看到，你积蓄力量，别人也在积蓄力量，这就要看谁发
展得快了，所以有一番竞争。在这期间，就应该熟悉各种
技能，以备将来有所用。在积蓄力量的时候，要采取措
施，避免与他人发生矛盾、争执和对抗。这种措施，如同
不让愚昧无知的牛抵人，就在牛角上绑上一根横木。也就
是说，在积蓄力量的时候，力量还不够强大，因此不宜招
惹麻烦与他人对抗。这时要保存实力，以利于时机成熟后
全力以赴取得大的成绩。这其中有保存实力的意思，也有
不过早暴露自身实力的意味，还有好钢要用在刀刃上的含
义。如此，便必须有具体的防范措施。在积蓄力量的时
候，让人感觉如同一头长着巨牙的雄野猪，是吉祥的。为

什么呢？因为成熟的雄野猪性情凶暴，外观强壮，犬齿发达呈巨牙状，令人望而生畏，不敢轻易向它们发起攻击。这是说，不要让人以为你是软弱可欺的，特别是在你不够强大、正在积蓄力量的时候，要让人感到你是强而有力的，而不敢加害于你。另外，人们在积蓄力量的时候也要加强戒备，随时准备还击外敌，而又不要主动出击。防御而不出击，是积蓄力量时期的战略。只有这样，才有利于自身的发展。

在积蓄力量的时候，能承担起天下通衢大道的职责，就会通达、顺利。承担起天下通衢大道的职责，也就是开通自身的各种道路，得以使自身与天下各地联系，使自己便于进退；同时，承担了天下通衢大道的职责，也就成了天下各地的总枢纽，也就是各路诸侯的联络人、首领，为将来统领天下打下了基础。这是积蓄力量以求发展的战略战术。

易理与人生

二十七、颐

䷚

《颐》：贞吉。观颐，自求口实。

初九：舍尔灵龟，观我朵颐，凶。

六二：颠颐拂经于丘颐，征凶。

六三：拂颐，贞凶，十年勿用，无攸利。

六四：颠颐，吉。虎视眈眈，其欲逐逐，无咎。

六五：拂经，居贞吉，不可涉大川。

上九：由颐，厉，吉。利涉大川。

颐卦阐释养的原则。

实行休养生息，需坚守正道，才会吉祥顺利。要达到休养生息的目的，需自谋口粮，自己使自己充实起来。只有自力更生，才会使自己充实起来，才会达到休养生息的目的。

在商品经济不发达的时代，自力更生是富民强国的唯一选择。解决好衣食问题，民众才会安居，国力才可增强。当物资蓄积富足之后，就可以养育天下了。养育应靠自己，不可依赖，不可羡慕，应当运用智慧，使天下得到供养。养育必须依循常理，采取正当的手段，不可违背原则。然而当不得已时，只要光明正大，不妨取之于民，用之于民，但应威而不猛，公正严格。只要动机纯正，甚至可以权宜行事。总之，供养是正当的作为，在任何艰险的状况下，都要全力以赴。中庸、顺从、使人喜悦，能够得到协助，所以前进有利，而且亨通。置身于非常的时刻，就必须有非常的才能，才能担当非常的重任。

要有能审视天下的眼光和头脑。休养生息，是为了今后有发展，因此要时刻观察时局的变化。同时，也不能摆出一副萎靡不振的样子，只知道吃喝玩乐，保养自己，胸无大志，不求进取，最后必将导致失败。失常的"休养生息"是违背常规的。在如同废墟一般的状况下，依旧保养自己，此时无论是出兵打仗还是征收税赋，都是凶险的。在社会动荡、民不聊生的情况下，不考虑恢复生产、整治荒芜了的田园，反而增加赋税，或者不自量力地出兵打仗，必定自取灭亡。

休养生息要有具体措施和行动。为这些措施确实贯彻要有紧迫感，不可错过时机。同样，还要认真、专注，具有不达目的誓不罢休的精神。做任何事情，都需要专心不二。休养生息是想要富强起来，要想富强起来，有时就需要打破常规，采取特别手段和特殊措施。但这些手段和措施不能过激，也不能做力不能及的事情。应认真、严肃地贯彻、执行那些有利于休养生息的具体措施，不能因人而异，不能知难而退，不能半途而废。

二十八、大过

䷛

《大过》：栋桡，利有攸往，亨。

初六：藉用白茅，无咎。

九二：枯杨生稊，老夫得其女妻，无不利。

九三：栋桡，凶。

九四：栋隆，吉。有它，吝。

九五：枯杨生华，老妇得其士夫，无咎无誉。

上六：过涉灭顶，凶。无咎。

大过卦阐释非常行动的原则。

做事打破常规，实行大的飞跃，例如盖房子架起了大梁，行船用起了桨，那么就会通达、顺利。但打破常规，并不是不按照客观规律办事，而是在审时度势之后，发挥主观能动性，发挥特长，抓住某一时机向前大步迈进，使自身的事业有一个大的超越。

在变革的时代，打破常规是必须的。按部就班，四平八稳，不紧不慢，不求有功但求无过，不仅不会使事业得到迅速发展，反而会坐失良机，走向衰败。当大有蓄积，能够培养实力，到达壮大的时刻，就可以采取非常行动，以实现理想了。但非常行动，必然危险；因而，也应当非常慎重，必须刚柔相济，使人们乐于顺从，才能得到一切的助力。不可拘泥于常理，应当采取非常手段；既为"打破常规"，那么就要有突破，就要有比较特殊的、不常见的和出人意料之外的举动。但也不可过度自信，应结合一切的力量；但也不可包容邪恶，被其牵累。虽然是非常行动，手段仍应当正当，才能赢得荣誉。

在打破常规的情况下，担当大梁和船桨的角色会遇到凶险，因此，不要过于出风头，不要过于自信。担当大任者，受到的攻击也多，民间有"出头的椽子先烂"、"人怕出名猪怕壮"和"枪打出头鸟"等俗语。打破常规，并不是胡来乱干，如果不考虑客观条件，不量力而行，就会导致失败。打破常规时不能单凭勇为，还要运用智慧、讲求策略和方法。打破常规也是有限度的。不过，非常行动，往往是明知不可为而不得不为，因而失败，也无可奈何。

《序卦传》说："不养则不可动，故受之以大过。"亦即供养过度，也不会有妨害。凡事在不得不过度时，必然是处于非常状态。例如，古代的尧帝，将帝位让给平民舜；殷汤王、周武王的革命，都是极其过度的行为，但却也都是不得不如此的非常手段。然而，置身于非常的时刻，就必须有非常的才能，才能担当非常的重任。所以说，大过卦所象征的因时利宜的意义，太伟大了！《象传》云："君子以独立不惧，遁世无闷。"君子应当效法这一精神，行一般人所不能行，不顾世人的非难，特立独行而无所畏惧；即或不得已而埋名遁世时，也不会烦恼。

在非常时期行动应当非常慎重。不能拘泥常规，应当集结力量，采取非常手段。此时一定危机四伏，不可过度自信，失去一切助力。手段仍应当正当。往往明知不可为，而不得不有所为，以致覆灭，那也是无奈的。打破常规的表现之一就是破除繁文缛节，不讲烦琐、奢华，而讲简单、实用。古代人是席地而坐的。平民百姓以草为席，王公贵族讲排场和阔气，大概不会以草为席。西伯所说的"打破常规"的人物，自然是王侯们，如今他们也要坐草垫子，就是纡尊降贵。"纡尊降贵"是打破常规，有去掉没必要的礼节的意思，也有不求奢华而讲求办事要有实际效率的意思。此外，还有与部众同甘苦的内涵。

　　在打破常规的情况下担当大任，权力大，职位也高，因此会平安、吉祥。但是在其他方面会遭受耻辱，或者有所失。世道就是这样，鱼和熊掌不能兼得。有所得，就必有所失。权大位高，容易扫除障碍，容易获得成功，但也容易遭受陷害和嫉恨，因为有不少眼睛盯着呢！此外，还需投入更多的精力，甚至有可能日夜操劳而顾不上妻小等，这也是有所失。打破常规虽有点特殊，但也不值得大惊小怪。打破常规是在"飞跃"过程中的必然举动。因此，它很可能有异常举措，令人大吃一惊。又由于这些特殊举措是在特殊时刻施行的，因此也不宜在平常状态下推广。《孟子·尽心上》说："人之有德慧术知者，恒存乎疢疾。"有德行、智慧、谋略、见识的人，经常是处在患难中。由于缺乏自知之明，当然凶险，就像渡河不知深浅，盲目涉过，有遭受灭顶之灾的危险。不过结果虽然凶险，但杀身成仁，依然是壮举。

二十九、坎

《坎》：有孚维心，亨。行有尚。

初六：习坎，入于坎，窞，凶。

九二：坎有险，求小得。

六三：来之坎，坎险且枕，入于坎，窞勿用。

六四：樽酒簋贰用缶，纳约自牖，终无咎。

九五：坎不盈，祗既平，无咎。

上六：系用徽纆，寘于丛棘，三岁不得，凶。

坎卦阐释突破艰险的原则。

虽然总是不顺利，大志难伸，但还应该讲诚信，保持心胸宽阔、品行高尚。这是告诫人们，即使长期处在不顺利、不得志的境地，也需要胸怀广大和坚守正道。大丈夫要"富贵不能淫，贫贱不能移，威武不能屈"，最终才能实现自己的远大志向。

易
理
与
人
生

物极必反。当盛大过度，又面临险难，但在险难中，也足以发扬人性的光辉，坚定刚毅地突破重重险难，正是诚信的最高表现，最崇高的行为。首先应当明察，争取有正确的判断。既然陷入，不可操之过急，期望过高，应步步为营，逐渐脱险。陷入已深，更不可轻举妄动，应先求自保以待变。在险难中，不可拘泥常理，应当运用智慧，以求突破。即或已有希望脱险，也应当谨慎，要把握最有利的时机。如果轻举妄动，就会愈陷愈深，终于无法自拔了。无论经过多少险难，也不可以丧失诚信。在重重险难中，应不拘泥于常规。不经由正规的程序，以见微知著的方法，启发君王的明智；这样才能渡过险难，避过灾祸。即使在险难中，坚守正道才有利，才能亨通。要具备柔顺的德性，学会顺从，谨慎隐忍，才能吉祥。君子应当领悟，一切事物，必然有消长盈虚的现象，这是宇宙运行的自然法则。仁人正其义，不谋其利；明其道，不计其功。

《序卦传》说："物不可以终过，故受之以坎。坎者，陷也。"心中实在，所以说诚信，亦即因诚信而能豁然贯通。虽然处于重重险难，然而也唯有在重重险难中，方能显示出人性的光辉。这种超越重重险难、意志坚定而不退缩的刚毅行为，是崇高的。《孟子·尽心上》说"人之有德慧术知者，恒存乎疢疾"，就是说，人的德行、智慧、学术、知识，经常是存在于患难中的。流水的特点是，不流满坑穴，不会再往前流。不论前方有多少障碍，水绝不违背这一本性。所以水一再到来，不分昼夜，滚滚而流，君子应当效法这一精神，片刻不可停顿，不断进修自己的德行学业，熟悉教化他人的方法，以做到"穷则独善其身，达则兼济天下"。

长期处在不顺利、大志难伸的境况之下，又落入陷阱之中，是凶险的。这就是说，困境中又生灾难，自然非常危险。这是告诫人们，身处逆境时要更加谨慎小心，防止落入圈套之中。"屋漏偏逢连夜雨"，就非常危险了。身处逆境时，千万不可贪大求多，略有小的收获，就该心满意足。不得志时，会出现许多不顺心的事，危险也就临近了，还会陷入一个又一个的陷阱之中，这种状况下，不宜采取任何行动。因为多灾多难，又有人设圈套，有人落井下石，环境不好，情况不明，势单力孤，很可能一有举动就中了他人的圈套。所以，还是看一看，无所动作为好，这叫"以不变应万变"。

不得志时，就应该有所收敛，处处小心谨慎，一切从俭，不讲排场，不要引人注目。将窗子开小一点，实际上是小开门户，不要张扬自己，不要多招人登门。最好是躲在家中谢客，少招惹是非，这是应对不得志时的策略。不得志时，路途上总是有填不满的坑穴。这种时候，为人谦和，待人持恭敬态度。如此过不多久，那些坑穴就会被填平，就没有灾祸了。

大志难伸，有时是人为造成的。对人谦恭有礼、宽厚忍让，创造出"人和"的局面，就会消灾去难。在不得志时，也要有所作为，要及时摆脱困境，不要在困境中陷入很长时间。因为长期陷于困境不能自拔，更大的凶险就该来了。所以在困境中更要积极作为。

离卦阐释依附的原则。

依附于一个强有力的人或集团，可以得利。但必须坚守正道，才会顺利通达。既然是依附他人，就应该像畜养的母牛那样柔顺，这样便可以平安吉祥。在自身的羽毛未丰、力量不足时，特别是面临困难和危险时，依附于强有力的人物当然是有利的。依附他人，不仅要恭敬顺从，而且应该对他人有用。母牛不仅柔顺，还能产奶供给主人。否则，就会引起被投靠者的疑惑和不信任，就可能引来祸事。此外，既去投靠他人，总该为他人做点什么，以表示自身还是有一定才干和用处的。

三十、离

☲

《离》：利贞。亨。畜牝牛吉。

初九：履错然，敬之无咎。

六二：黄离，元吉。

九三：日昃之离，不鼓缶而歌，则大耋之嗟，凶。

九四：突如，其来如，焚如，死如，弃如。

六五：出涕沱若，戚嗟若，吉。

上九：王用出征，有嘉折首，获匪其丑，无咎。

离卦阐释依附的原则。

寻求依附，首先应认清目标，必须谨慎选择。应把握中正的原则，不可投机取巧。应觉悟沉浮生死是自然常理，知天乐命，才不会因得不到依附而自寻苦恼。依附，不可乘人之危，采取胁迫的手段，以免招祸。依附强者，应柔顺中庸，时刻警觉，才能化险为夷。附着的目的在团结，因而对破坏分子应当断然扫除，但也要宽大，只铲除首恶，附从则不予深究。

刚刚开始依附他人，相互间并不是十分了解和信任，这时候应该持严肃、慎重的态度。在人家不了解、不信任的时候，也不宜主动去做什么。一个强而有力的集团，其内部很可能有几大势力，依附者应该选择"中正"，即持中间立场，不偏不倚，不因紧靠哪一方而得罪另一方。如此便会左右逢源，立于不败之地。依附毕竟不是心腹，依附他人不仅要预防此人的不可靠，而且要预防成为宗派斗争的牺牲品。

年老力衰的时候去依附他人，自身没有大的建树，就不要想入非非地求重用、求发展，或者干什么大事情了。做力所能及的事，不求有功，颐养天年，是最好的选择。即使依附他人，也应该讲究策略，不能一去就让人瞧不起、不信任。既然依附他人，就得取得人家的信任和同情。依附他人后，他人会任用依附者去做些事情。依附者应该抓住这一机会显示自己的忠勇和才干。这不仅仅会受到赞扬，而且会取得信任和重视。用具体行动来证明自己，可以去除主人的疑惑。

《序卦传》说："陷必有所丽，故受之以离。离者，丽也。"火的内部空虚，外表光明，而且火又必定附着在燃烧的物体上。天地间的物体，必定附着在某种物体上，才得以存在，但附着的对象必须正当。人依附的对象，如夫妻、朋友、工作、理想等，无不如此。所以说，坚守正道才有利，才能亨通。日月附着在天上，各种谷物草木附着于土里，万物都有附着的对象。伟大的人物，必须效法这一精神，以持续不断、光明磊落的态度照耀四方。

依附应当警惕并运用柔而中的原则。以柔而中的性格，虽然处境危险，日夜忧恐，但也正因为如此，时刻警觉，反而化险为夷，所以吉祥。前一个太阳，已夕阳西垂；后一个太阳，正旭日东升。升沉生死，本是自然的常理。所以，人当风烛残年，就应当欢度余年，知天乐命；否则，就难免自怨自艾，徒然悲伤了。这样当然凶险。

易理与人生

三十一、咸

《咸》：亨。利贞。取女吉。

初六：咸其拇。

六二：咸其腓，凶。居吉。

九三：咸其股，执其随，往吝。

九四：贞吉。悔亡。憧憧往来，朋从尔思。

九五：咸其脢，无悔。

上六：咸其辅颊舌。

咸卦提示人们应相互感应而沟通。

君子应当效法这一精神，像山一般，虚心接纳他人；唯有虚心，丝毫不存成见，才能广泛地与他人感应沟通。

"咸"是感的意思，为什么不直接说感？因为"感"字去掉"心"，成为"咸"，以象征无心的感应；也有说咸有"皆"义，意味着这是异性间自然、必然的现象。《序卦传》说："有天地然后有万物，有万物然后有男女，有男女然后有夫妇，有夫妇然后有父子，有父子然后有君臣，有君臣然后有上下，有上下然后礼义有所错。"上方泽中的水，向下渗透；下方山上的土，吸收水分而滋润。老子的哲学，最重视一个"虚"字，认为在能够看到的"有"的世界的深处，还有一层次更高的"无"的境界；"无"比"有"更重要。所以，应当虚心，不可嚣张。坚持纯正吉祥，可使后悔消除；是因为这样感应到的，不会是私欲。走来走去，心神不定；是因为心地不够光明正大。孔子在《系辞传》中，又对这句话引申说："天下何思何虑？天下同归而殊途，一致而自虑。天下何思何虑？日往则月来，月往则日来，日月相推而明生焉。寒往则暑来，暑往则寒来，寒暑相推而岁成焉。往者屈也，来者信也，屈信相感而利生焉。"天下在想什么？虑什么？天下都回到同一地方，而走不同的路；目的一致，而思虑却有百种。天下在想什么？虑什么？太阳去了月亮来，月亮去了太阳来，日月相互推移，就产生光明。冬天去了夏天来，夏天去了冬天来，寒暑相互推移，就成为一年。过去的事情已经退缩，未来的事情正在伸长，缩与伸相互感应，就产生利益。不可以存私心，只要除去私心，就可以与万物感应沟通，天地间无穷的往来，完全出自无心的感应。应以至诚感应，不可玩弄口舌。东晋的高僧慧远说，《易》是以感应为主体。（据《世说新语》）意思是说，《周易》中含有佛教的深意，就是指这一卦。

《周易》"下经"，以人伦发端的夫妻开始。借男女关系，阐释感应法则。男女自然无心的相互感应，彼此爱慕，以谦虚的态度追求，以坚定的诚意感动，使对方喜悦接纳，相互沟通，建立感情，结为夫妇，完全是自然的必然结果。这一过程，适用于一切人际关系，而且天地间的一切交往，莫不是由这一无心的感应发端。感应自然而然地发生，但不可鲁莽，不可妄动，不可强求，应听其自然，静待发展。应有主见，坚持原则，不可盲从。动机必须纯正，应当排除私心。不可心胸狭窄，怀有成见。心地光明正大，就能冷静判断，不会犹豫不决，否则把持不定，无以感动他人，也就不能虚怀若谷，接纳他人。孤僻冷漠，封闭自己，无法与广大外界沟通，不能建立和谐的人际关系，也就不能有所作为。至于花言巧语，取悦诱骗，更是小人的作为，不是君子应有的态度。

三十二、恒

三十二、恒

☳

《恒》：亨。无咎。利贞。利有攸往。

初六：浚恒，贞凶，无攸利。

九二：悔亡。

九三：不恒其德，或承之羞，贞吝。

九四：田无禽。

六五：恒其德，贞，妇人吉，夫子凶。

上六：振恒，凶。

恒卦阐释恒久的道理。

做事有恒心，就能够顺利通达，这样做是不错的，但坚持正道才会有利，从而也会有所收益。有恒为成功之本，恒久亦即坚持，但坚持也有一定的分际。必须坚持的，是自立立人正当的大原则。在运用上，依然须把握中庸原则，通权达变。正义也不可强迫他人接受；相反地，应当相互感应沟通。当柔则柔，应刚则刚，不同的立场与本分，所应坚持的也不同。极端坚持，反而违背常理，动荡不安。以上不但是夫妇之道，也是为人处世的大道理。

虽然下了恒心，但又姑息、放纵自己，也会招致凶险而无所收益。下恒心应落实在"做"上。只有身体力行，才能实现自身的立志。三天打鱼两天晒网，是什么事情也做不成的。古人说："行成于思，毁于随。"做事要有恒心，但不可功利心太强。长久利益大于眼前利益。做什么事情都急功近利，往往不会有大的收获。做事持之以恒，就是不动摇。看准目标，坚定地走下去。否则，常立志、常下决心，遇到困难就摇摆不定，或者过了些日子又改变了主意，是成不了大事的。做事不果断，犹犹豫豫，忽东忽西，朝三暮四，不仅什么都做不成，而且会导致失败。

《序卦传》说："夫妇之道，不可以不久也，故受之以恒。恒者，久也。"有恒必然有成，所以，亨通不会有灾难，但必须以坚持纯正为前提，才会有利，这是说，坚持的必须是正道。就像天地的道理，由于纯正，因而恒久，持续不已。所以说无往不利，就像日月依循自然法则，而能普照万物；四季依循自然法则，而能生成万物；圣人坚持正道，而能教化天下。只要观察这一恒久的道理，就可以发现天地万物的真情了！

雷与风经常不停活动，相互助长，才得恒久。君子应当效法这一精神，日常行动，虽然可以临机应变，但自立立人的大原则，必须坚持，不能改变方正的准则。即使正义也不可强求他人接受，如果不顾一切，强求深入，即或动机纯正，也有凶险，前进不会有利。

君子自立立人的大原则，任何时候都不能违背。如果不满现状，一心上进，不安于位，不能坚守固有的德性，也许会蒙羞，即或动机纯正，也难免耻辱。《象传》说："不恒其德，或承之羞。"人如果没有恒心，免不了要遭受耻辱，不被人容纳。《论语·子路》中也提到了"不恒其德，或承之羞"这句话，接着孔子就说了："不占而已矣。"也就是说，没有恒心的人，就用不着去占卜了。

易
理
与
人
生

三十三、遯

《遯》：亨。小利贞。

初六：遯尾，厉，勿用有攸往。

六二：执之用黄牛之革，莫之胜，说。

九三：系遯，有疾厉，畜臣妾吉。

九四：好遯，君子吉，小人否。

九五：嘉遯，贞吉。

上九：肥遯，无不利。

遯卦阐释退避的道理。

人生有进就有退。退隐，有两种情况：一种是不利的情况下，受到某种压力，不得不退隐；一种是没有压力，自身正处在巅峰状态，但知"盛极必衰"，应该"见好就收"，于是在权位最高的时候主动退出。知退的人是聪明的人，非常明智。所以说，隐退是一种通达顺利。

不知退的人，很可能引来大的灾祸，到那时就悔之晚矣。退隐以后，就安心退隐，坚守正道。否则，还会引来灾祸。既然退隐了，就不要再有强烈的功名心，也不要贪图大的收益。极端难恒久，必然又动荡，再演变成小人势长、君子退缩的局面。退避也是正当的手段，并非消极的逃避，而是隐忍，等待积极行动最有利的时机。当这一最难抉择的时刻来临，应当觉悟"满招损"的必然性，积极对抗，徒然造成伤害，已经毫无意义，因而除了坚定信念，坚持刚毅中正的态度，不可同流合污之外，应退则退，必须隐忍，不可妄动；断然抛弃一切，不可迟疑，不可眷恋；或隐没于世俗之中，或超脱于世俗之外，以等待时机。

错过了最好的时机，在最后的关头才退隐会有祸害。这时候，不轻举妄动，才会平安无事。在最后时刻退出，往往是迫不得已的选择。这时候已经是形势危急，即使退隐了，也不会十分安全。退隐之后，可以坚持自身的志向，但不要宣扬自己的主张是超过他人的，是最好的。执着于自己的信念是可以的，但在隐退以后依旧述说和宣扬自己的主张具有优越性，超越其他主张，便可能会招来灾祸。因为退出之后已没有权位，无权位却指手画脚，就会遭到当权者的嫉恨。退出之后，依旧纠缠于权势之中，就会产生痛苦，带来祸患。退出政治舞台以后，不问政事，只求安乐，可以免除他人的疑惑和戒备。这样，才会平安无事。

处在很好的境况时实行退隐，对于道德高尚的人来说是吉祥、平安，对于道德低下的人来说则不是这样。道德低下的人不到万不得已的时候不会主动退出，所以不会吉祥平安。此外，道德高尚的人在退出之后会真的远离权势，道德低下的人总是不甘心失去权位，失去了，便会千方百计地恢复它。在赞美声中退隐，依旧坚持正道，为人所敬所爱，又不争权夺利，怎么会不吉祥平安呢？退隐以后，能够悠然自得地过富裕的隐居生活，就没有什么不利的了。

遁卦指出君子应当远离小人；但也不是憎恶小人，而是严于律己，以使小人不能接近。山不论多高，也不能接近天，山高而天退；所以，这一卦命名为"遁"。在我国，自古以来就对隐士给以最高的崇敬，尤其是老庄的哲学思想，更是如此。儒家主张经世济民，热心政治，但在乱世，也断然主张采取逃避的态度。道家和儒家都存有政治污秽的观念。这由各正史中都载有隐士的列传，就可以想见。君子不可被拖累，当小人势长时，应断然退避。若在应当隐遁时却仍迟疑不决，就像得了厉害的疾病。在这种情况下，不能结交有权有势有名望的人，否则会招来灾祸，因为这时你已经没有能力驾驭他们了；只有蓄养奴婢吉利，因为奴婢只做身边杂事，随时可以遣走，没有权势，不会成为累赘。《象传》说："系遁之后，有疾惫也。畜臣妾吉，不可大事也。"意思就是说，应当隐遁，被拖累以致迟疑不决的危险，就像生病已经疲惫不堪。蓄养奴婢吉利，是说不可以做大事。

三十四、大壮

《大壮》：利贞。

初九：壮于趾，征凶，有孚。

九二：贞吉。

九三：小人用壮，君子用罔，贞厉。羝羊触藩，羸其角。

九四：贞吉，悔亡。藩决不羸，壮于大舆之輹。

六五：丧羊于易，无悔。

上六：羝羊触藩，不能退，不能遂，无攸利，艰则吉。

大壮卦阐释壮大的运用原则。

在很强盛的时期，坚守正道是有利的。强盛而不坚守正道，骄狂无理，胡作非为，便会失去人心，也会使自身走向衰落。有衰退，必然有壮大，又转变成阴退阳盛的壮大时期。壮大容易自负，容易流于横暴。所以，大必须正，应当坚守正道；大必须中，应保持中庸原则，外柔内刚，能够节制，不使其过当。壮大也应当量力，不可以妄动。壮大，不可以恃强任性，更应当坚持正义。壮大，同样地不可能恒久持续，当显露衰退的迹象时，就不可再有积极的行动。当已经步入衰退时，更应当及时觉悟，艰难的时刻已经到来，要力求自保，以等待时机。

在很强盛的情况下，依旧是坚守正道才能平安、吉利。在很强盛的情况下，道德低下的人使用强力和威势来压服他人，道德高尚的人则使用安抚和网罗人的方式取得他人的信服。依靠强力征服他人，即使打出坚守正道的旗号，也会产生祸患。滥施强暴，不会有好结果。玩火的人，反倒会被火烧伤。夺人先夺心。有一句话是，得人心者得天下，失人心者失天下。在很强盛的情况下，坚守正道是吉利的，经常懊悔和犹豫不决就会失去机会。看准了目标，就坚决去做。既然做了，就做到底，不能虎头蛇尾。无论多么强大，总是有得必有失。只进不出、只得不失，是不可能的。这就需要权衡一下得失，做任何事情，都需要付出一定的代价，切不可因小失大。

《序卦传》说："物不可以终遁，故受之以大壮。"君子壮大，当然亨通，无往不利。然而，声势隆盛壮大，就必须严守纯正；否则，就有陷于横暴的可能。所以说，必须坚守纯正，才会有利。不但要大，而且必须正。唯有以正大的态度，才能发现天地间的真情；因为天地的法则，就是正大。君子应当效法天声势壮大这一精神，从事轰轰烈烈的壮大事业。但君子的强大，不在于胜过他人，而在于克制自己；克制自己，就必须实践礼仪。所以，不合乎礼仪的事，就不可以做。老子说："自胜者强。"孔子说："克己复礼为仁。"又进一步阐释："非礼勿视，非礼勿听，非礼勿言，非礼勿动。"如果既不能进，又不能退，就应当及时觉悟，艰难已经到来，力求自保以待机。

做了无意义或进退两难的事，固然是一种错误；但是，如果能够从中吸取经验教训，也是一种收益。人的才智，固然有高低之分，但经验却是在生活实践中总结出来的。以失败而取得经验，我们称之为"交学费"。《象传》说："不能退，不能遂，不祥也。艰则吉，咎不长也。"不能后退，又不能前进以达到目的，这是不祥的征兆。及时觉悟处境的艰难，忍耐等待时机就会吉祥，这样灾难就不会长久。

三十五、晋

䷢

《晋》：康侯用锡马蕃庶，昼日三接。

初六：晋如摧如，贞吉。罔孚裕，无咎。

六二：晋如，愁如，贞吉。受兹介福于其王母。

六三：众允，悔亡。

九四：晋如鼫鼠，贞厉。

六五：悔亡，失得，勿恤。往吉，无不利。

上九：晋其角，维用伐邑，厉吉，无咎，贞吝。

晋卦阐释积极进取的原则。

壮大，当然就可以前进求发展，就像太阳上升，普照大地，为万民谋幸福。但在前进求发展时，必须动机纯正，即或失败，也能于心无愧。而且不可忧虑一时的得失，只要把握中正的原则，必然成功。

求前进，必须以得到群众的信赖与支持为前提。不可存侥幸的心理，贪得无厌。必须妥善策划，谨慎实行。如果发生偏差，再去改正，即或不失败，也是耻辱。处在晋升期，这晋升与毁坏具有相同之处，只有坚守正道才会吉祥。要讲诚信，对他人采取宽宏大量的态度，才会没有灾祸。"晋升"为什么和"毁坏"相联系？这是说，有的人得到"晋升"，也就受到"摧毁"。因为晋升便骄狂起来，因为有了权位和受到宠信便目空一切、为非作歹，因此便会惹得众人怨恨、仇视，成为众矢之的。骄狂下去，越来越远，一旦失宠，很可能带来灭顶之灾。这不是"毁坏"是什么呢？这和"人怕出名猪怕壮"的道理相通。

处在晋升时期，这晋升与忧虑相联系着，只有坚守正道才会吉祥。世人多求晋升，却不知晋升后的烦恼。在晋升当中，能得到众人的认可，便没有什么灾祸了。也就是说，晋升应该有基础、有人望。晋升后受到众人拥护，地位才会稳固。

西伯认为，样样通、样样松的人不能委以大任。对"万金油"式的人物委以大任，可能要坏事的。在社会生活中，"万金油"式的人也不是一点用处都没有，在某些应对场合，很可能非"万金油"出面不可。只不过对"万金油"不可委以重任。

在晋升中，没有灾祸就不要患得患失，向前走是吉祥的，没有什么不利的。正处在晋升时期，应该借此"东风"勇往直前。因功劳而得到勉励，得到晋升是当之无愧的，不会遭到非议。即使这样，也不能居功自傲，而应该严格要求自己，不要放任自己。居功自傲，也会引来祸事。

《序卦传》说："物不可以终壮，故受之以晋。晋者，进也。"太阳出现在大地上，普照万物，君子应当效法这一精神，使自己本来具有的光明德性愈加鲜明。《大学》中说："大学之道，在明明德。"《左传·桓公二年》也说："人君者，将明德塞远，以临昭百里。"前进时，必须动机纯正，即或失败，也能坦然。《象传》说："晋如摧如，独行正也。裕无咎，未受命也。受兹介福，以中正也。"前进会挫败，但自己走的是正道，心地坦然，不会有灾难，还没有得到任用，没有责任，所以能够无忧无虑，悠然自得。不可幸进，不可贪得无厌。由于缺乏道德，地位高反而更加贪婪，就像田间的野鼠。所以说，像野鼠般贪婪的人，晋升到高位，即或行为正当，前途也有危险。

光明磊落，不计较得失，前进必然有利。以光明磊落的态度，高居上位，下面又都很服从，想象中的后悔又消失了，就不必为得失担忧，前进吉祥，没有不利。所以《象传》说："失得勿恤，往有庆也。"

易理与人生

三十六、明夷

《明夷》：利艰贞。

初九：明夷于飞，垂其翼。君子于行，三日不食。有攸往，主人有言。

六二：明夷夷于左股，用拯马，壮吉。

九三：明夷于南狩，得其大首。不可疾贞。

六四：入于左腹，获明夷之心于出门庭。

六五：箕子之明夷，利贞。

上六：不明，晦。初登于天，后入于地。

明夷卦阐释在苦难时用晦而明的法则。

光明磊落地做事而受到伤害和打击，在这种艰难的时刻，依旧坚守正道才是有利的。这就告诫我们：不要因为受挫折、损害和打击而动摇自己的心志和操守。舍生取义者，自古有之。

　　前进必然有危险，危险必然有伤亡。当邪恶猖狂，残害正义，光明被创伤的时刻，正义的力量，难以抗拒，抗拒只会加重伤亡，甚至覆灭；唯有内明外柔，韬光养晦，才能承受大难。当此苦难时期，君子应当收敛光芒，艰苦隐忍，逃离险地，先求自保。隐忍逃避，是为了避免伤害，以争取时间，结合力量，迅速谋求挽救，甚至不惜采取非常手段；但不可操之过急，必须谨慎。往往最危险的场所，也是最安全的所在；最艰难的时刻，也是奋发有为的大好契机。应当明辨是非，坚持纯正。邪恶不会长久，正义必然伸张，违背正义的原则，最后必然灭亡。我国五千年历经艰险，屹立不摇，可以说就是把握了这一"用晦而明"的法则。

　　正大光明磊落地做事，意外地受到打击而负伤，这时候，需要采取措施保护自己，正如飞行着的鸟垂下翅膀一样。道德高尚的人在做事时，可以三天不吃饭，但却要做出成绩来。"三日不食"以表心志。一是废寝忘食，日夜操劳；二是两袖清风，任劳任怨。用成绩和具体行动来说话，是最有力的。虽然是光明磊落地做事，但是由于政治气候不好，和上峰的抗争而受到伤害，并且这种伤害来自于最高首领，这时切忌急速地纠正和改变。对来自上面的不信任和伤害，不要急于辩白和喊冤叫屈，而是应该用事实和时间来证明自己的清白和正派。但此时也不宜有大的举措，以防上面产生新的疑惑。

前进须冒险，难免负伤，负伤则促使反省，而有利于前进。《序卦传》说："进必有所伤，故受之以明夷。夷者，伤也。"贤者以明德被创伤，处境非常艰难。唯有觉悟处境的艰难，刻苦忍耐，坚守正道，韬光养晦以自保，才会有利。以这种内心明智、外貌柔顺的性格，就可以承受大难。周文王就是如此，当蒙受被暴君纣囚禁在羑里的大难时，就是隐藏内在的明智，外表柔顺，最后得以安全脱险。在艰难中坚守正道有利，是说应当收敛光芒，在国家蒙受大难时，能够坚持光明正大的意志。箕子就是如此，当侄儿纣王暴虐无道，明知无可救药时，就装疯避祸。

进入了权力中心，但并不是君主非常亲近的人，如果光明磊落地做事，君主反倒不信任，并起了伤害你的心思，就应该主动地退出权力中心。居上的领导者不信任，最好是采取大事不参与的态度，当然，最好的选择是退隐或者离去，否则，祸事就该来了。为暴君牺牲是毫无意义的。所以，我们并不赞同"愚忠"，忠心耿耿的基础应建立在共同志向和共同事业上。光明磊落地做事却受到打击和伤害，有时候不是很明显，打击和中伤是在暗地里进行的。刚一开始，让你升得很高，过后不久便会将你打翻在地。这就告诫人们要提防暗箭伤人。有时候敌对势力会采取"明升暗降"的手段将你捧上天去，一是令你失去根基，二是令你头脑发胀而失去警惕性。这样翻手为云覆手为雨，光明磊落的人就会遭害。俗话说，明枪易躲，暗箭难防，所以要时存警惕。

光明进入黑暗，故而光明受到创伤。太阳普照万物，但光芒过度强烈，则万物逃避，当巨细得不到遮蔽时，反而受到伤害，就与宽容的德性相违背。君子应当领悟这一道理，当面临群众时，就要以平易的态度接近，才会被接纳，真正了解群众的需要。这就是利用昏暗，反而看得清楚的道理。《老子》中说："其政察察，其民缺缺。"政治上的措施，也是如此。如果明察秋毫，巨细无遗，表面上好像严密，实际上却因法令过度烦琐苛细，反而使民性变成硗薄。古代帝王戴冠，前面有珠帘，遮住视线，两边有棉球塞住耳朵，就是警惕帝王，不可过于耳聪目明。

在正义被残害的苦难时期，唯有退避、韬光养晦以自保。《象传》说："君子于行，义不食也。"君子外出，由于对方不正当，所以不接受他的食物。历史上伯夷就不食周粟。君子坚持自己的理想，不能被社会接纳，就会彷徨没有归宿。即或出任公职，君主也会说，你的理想与现实不合，从而遭到非难。为了坚持正义，唯有不接受君主的俸禄。在遭受严重的创伤时，应当采取非常的行动，才能够挽救，但应当慎重，不能操之过急。我们之所以说最危险的场所也是最安全的地方，就是因为只有进入卑鄙的心腹之中，才能获知伤害光明的暴徒的心理。这样接近暴君不会有危险，留在家中反而招祸。所以，要入虎穴，到朝廷中去避祸，亦即大隐隐于朝市的意思。

开始登上像天一般高的地位，光芒四射，照耀各国；最后堕落到地中，是因为违背了正义的原则，终于灭亡。违背正义的原则，必然失败。愈在黑暗的时刻，愈应当坚持正义，明辨是非。《史记·宋徽子世家》中记载：纣王暴虐，箕子劝谏不听，有人劝告他逃亡，箕子说："为人臣下，劝谏不听就离去，岂不是暴露君王的罪行，自己讨好于人民。我不忍这样做。"于是披头散发，假装疯狂，故意伤害自己以避祸。所以说"箕子之明夷"，自己将自己的明德伤害以守正。《象传》说："箕子之贞，明不可息也。"意思是说箕子的固守正义，说明光明不可熄灭。也即告诫君子应当在黑暗中自晦其明，在艰难中维护正道，而期待着社会转衰为盛、重见光明的一天。

三十七、家人

《家人》：利女贞。

初九：闲有家，悔亡。

六二：无攸遂，在中馈，贞吉。

九三：家人嗃嗃，悔厉吉；妇子嘻嘻，终吝。

九四：富家，大吉。

九五：王假有家，勿恤，吉。

上九：有孚威如，终吉。

家人卦阐释治家的原则。

法，不可过严，也不可过松。太严酷，就会失去家庭温暖和家庭欢乐。无家法家规，就会惹事生非。治家要有物质基础，过于贫穷的家，整日为衣食所忧，也不会充满欢乐。

凭借着有实力的封地或食邑而称王天下，不必有什么担忧，这是吉祥平安的。这似乎与"家"没什么关系，但这里是以"大家"喻"小家"。君主或诸侯拥有的天下"大家庭"需要依仗部从，一个男人所拥有的"小家庭"也要依仗家人。有了家人的和睦相处并以之为后盾，就没有后顾之忧，就可以做一番大事业。治家的原则是讲诚信、有威严。只有这样，最终才会吉庆、平安。即使是在自己的家中，也应该言而有信。家庭成员之间，应该以诚相待；同时，还应尊长爱幼，有规有法。孝悌为一切道德的根本，是我国传统文化的一大特色。家庭是社会结构的基础，延伸来说，攘外必先安内。《大学》中所说的"诚意、正心、修身、齐家、治国、平天下"的道理，可以说就是来自这一卦。

治家，首先应防患于未然。家庭以主妇为主体，主妇应当具备柔顺、谦逊、中正的德性。治家要求宁可过严，不可溺于亲情、失之于过分宽大。而治家最基本的原则，在于诚信与基于诚信的威严，并以身作则。主妇正，则一家正。家庭正，延伸到社会，也必然正。一家人，女在内地位正，男在外地位也正。男女在家庭内外，各有正当的地位，这是天地间的大道理。家庭中有严厉的君主，就是父母。一家人，父母、兄弟、子女、夫妻，各尽各人应尽的本分，相亲相爱，则家庭的伦理道德就纳入正轨；所有的家庭都走入正轨，则天下就安定了。

儒家以孝悌为一切道德的根本。而骨肉亲情，也确实是人类所共有，且最亲切、最实在的情感。如果能以孝悌的道德端正每一个家庭，延伸到国家、天下也必然端正了。因而，家庭规范的延伸，即可成为政治规范。《论语·为政》中记载：有人问孔子："先生为什么不从政呢？"他回答说："《尚书》中不是说孝顺吗？唯有孝顺父母的人，必然能友爱兄弟。使这一道理实行于每一个家庭中，使其端正，就是从政，又何必一定要做官，才说是从政呢？"

家庭中应防患于未然，才能保持和谐。应当了解一切事物都发生于内形成于外的道理，言语应有具体的内容，行为应贯彻一定的原则。《象传》说："闲有家，志未变也。"在家庭中防患于未然，是指当家人还没有改变初衷之前就要预先防范。俗话说："教妇初来，教儿婴孩。"教导媳妇，应当在刚来的时候；教导儿女，应当由婴孩开始。《颜氏家训》就说这句话讲得太对了。在大家庭中容易发生摩擦，造成遗憾，所以在开始的时候就要防范。

治家的基本原则在诚信与威严。家长以诚信治家，必然就能感化家人一心向善。治家的对象是自己的家人，往往溺于亲情，过度慈爱，以致缺乏威严，礼仪不足，变成散漫。《象传》说："威如之吉，反身之谓也。"威严之所以吉祥，是说自己应当反省，严于律己，以身作则，就能使家人尊敬，自然产生威严而能服从。

三十八、睽

《睽》：小事吉。

初九：悔亡。丧马勿逐自复。见恶人无咎。

九二：遇主于巷，无咎。

六三：见舆曳，其牛掣，其人天且劓，无初有终。

九四：睽孤遇元夫，交孚，厉，无咎。

六五：悔亡。厥宗噬肤，往何咎？

上九：睽孤见豕负涂，载鬼一车，先张之弧，后说之弧，匪寇，婚媾。往遇雨则吉。

睽卦阐释离与合、异与同的运用法则。

有离必有合，有异必有同，这是自然法则。君子以同而异。君子消极时固然应同中有异，合而不同，顺应大势，坚持原则；但也应积极异中求同，才能结合力量，有所作为。

意志行动不一致，本不可合作，但在求同存异的前提下，就可以合作了。不过，双方的步调依旧不统一，所以办大事不行，只能共同做一些小的事情。异中有同，正邪之间也不例外，唯有宽大包容，才能异中求同。异中求同是为了结合力量，不得已而权变，积极主动去寻求，并不违背原则。异中有同，同必然能合，即或障碍重重，最后也能合，不必忧虑。同中有异，因而必须互信，才能于异中求得同。而且必须去求，才能于异中结合同志。所以，异中求同，为必须而正当的手段。然而，猜疑是求同的大敌，足以使同也变成异，合也变成离，不能不警惕。

对相违失和感到懊悔，不合就会消除。这如同失掉了马，不去追逐，马自己就会回来一样。见到凶恶的敌人，不采取相争相迫的态度，也不会发生祸事。对做错了事的人，应该让人家自己去领悟、去改过。过多的指责，反倒会让做错事的人继续错下去，或者虽知错也从此失和。同心相合，要求自然，不必强迫求同。即使是坏人、恶人，也不一定无缘无故地行凶、做坏事，如果不先入为主地把他当作坏人、恶人，他可能会与人相安无事。这其中当然有给坏人改过自新机会的意思；同时，还有求同存异的含义。宽宏、理解会缓和对立情绪。在为同一种事业尽力时，不要自我抵触，不要内耗，否则就会一事无成。意识到这一点，就要求同存异，相互携手，共同完成大业。

《序卦传》说："家道穷必乖，故受之以睽。睽者，乖也。"睽是目不相视，违背、乖异、背离的意思。合必有离，离必有合；同中有异，异中有同。有效运用离合异同的必然法则，才能因应变化，有所作为。以万物的事理来说，形态虽然违背，但却有看不到的同一性存在。如天高地卑，形象不同，但化育万物的功能相同。如男女的体质不同，但彼此的意志可以沟通。如万物的形态各不相同，但成长的过程都相互类似。所以，背离是异中有同，因时间演变而背离，背离的时间功效可就太大了。君子应于异中求同，同中求异，顺应大势，但也要坚持自己的原则与独立人格。

人情反复无常，为了避免灾祸，有时不屑理会的恶人，也不得不交往。亦即人事难以意料，宽大包容，在危难中才会有意外的应援到来。即或是恶人，也不可以完全排斥，适度的交往反而可以避祸。以诚信相交往，就可以求同存异，相互为依托。一个男子汉，应该有肚量，有远大目光。在求同存异的基础上，也要进行一些感情上的联络。志同道合，再加上友情因素，就可以更好地共事。警惕性高是好事，但猜疑过分，也会犯错误。以敌为友，或化友为敌，都很危险，不能以求同存异的宽宏态度联络人，就会产生化友为敌的大错。

三十九、蹇

䷦

《蹇》：利西南，不利东北。利见大人。贞吉。

初六：往蹇来誉。

六二：王臣蹇蹇，匪躬之故。

九三：往蹇来反。

六四：往蹇来连。

九五：大蹇朋来。

上六：往蹇来硕，吉，利见大人。

蹇卦阐释身处困境的原则。

在困境中应寻求援助，重要的是从陷入困境的根源入手。这就叫"解铃还须系铃人"。乖离，必然遭遇困难，面对危险，应当用柔，不宜用刚；应当积极谋求对策，不可退缩；应当反省，坚持正义；应当充分了解状况，而且量力，不能轻率冒险。一旦陷入危险，就唯有奋不顾身地彼此相救，才能脱险。明知有困难，冒险侥幸，莫如退守自保，先求安全，再寻出路。尤其坚持正义，得道多助，才能感召同志。还应当结合贤能，追随贤能，才能转危为安。

当权者不要沉迷于淫乐之中不务正业。只图安逸，不问政事，便会陷入危机。面对困苦，知难而进，就有了克服困苦的希望。真正的朋友会在你困难的时候伸出援助之手。"离乱识爱情，困苦识朋友"。"战友"是有特殊意义的词语，真正的朋友也只有在共事中和苦难中经受考验。在克服困苦的途中，能够结交到牢靠的朋友。这时候得以结识有权势的人是有利的。

《序卦传》说："乖必有难，故受之以蹇。蹇者，难也。"《周易》反复告诫人们，在困难时，应当用柔，不宜用刚。克服困难，需要伟大人物的协助，而且必须坚持正道，才能得救。见到危险，立即停止，岂不是智慧吗？当遭遇困难时，必须反过来追问自己，发生困难的原因何在？并且由修养品德着手，一切都要自我反省。当陷入危险时，唯有奋不顾身，彼此相救，才不会遗憾终身。冒险犯难，应当结合同志，充实力量。"德不孤，必有邻"，这就是得道多助的道理。由于坚守中正的节操，所以会有同志前来救援。共挽时艰，就会有丰硕的成就。

易理与人生

四十、解

《解》：利西南。无所往，其来复吉。有攸往，夙吉。

初六：无咎。

九二：田获三狐，得黄矢，贞吉。

六三：负且乘，致寇至，贞吝。

九四：解而拇，朋至斯孚。

六五：君子维有解，吉，有孚于小人。

上六：公用射隼于高墉之上，获之，无不利。

解卦阐释解除困境的法则。

发生困难，就应当设法解除。当摆脱困境的时机到来时，要及时迅速地脱离险境，千万不可迟疑，机不可失，时不再来。原则上，应当采用柔和平易的方法，才能得到群众的支持；而且应当快速，立即恢复平静，以免扰民。当困难开始之初，就应当刚柔相济，顺应情势，立即解除。应当坚持中庸正直的原则；任用得当，名实相副，不可敷衍了事，反而增加困难。而且除恶务尽，不惜断然采取严厉的手段。小人势消，君子势长，才能得到正义力量的信任与支持，使困难消除于无形。

易理与人生

从困境中走出来，就如同鱼入水、鸟投林。经受过困苦的人，才知困苦的滋味，才会更加珍惜大好时机。解脱困难的根本是发愤图强，施展自己的才干，实现自己的抱负，创造出一个新天地来。为解脱困境而背弃自己的远大志向，只知道守成和享乐，就会招致入侵者，即使坚守正道，也是一种耻辱。这就告诫玩物丧志者和胸无大志者，只知道守着自己原有的那点东西，只知道玩乐而不求发展的人，同样是不光彩的，也是危险的。解脱困境，人们在观望你的动静，看你打算怎么办。你必须下定决心立下誓言，不惜断指为誓，才能获得信任。人们信服你会振奋精神，闯一番大事业，便会聚集到你的周围，为你效力，为共同的事业而奋斗。

解脱困境以后，道德高尚的人要思考消除那些弊病问题，但是要讲诚信，即使是对品德低下的人也要这样。一个有作为的人，要说话算话，不能因为处境好了，便对自己处在困境中的许诺予以推翻，来个"此一时，彼一时"。讲诚信不能因人而异。对于品格低下的人不能亲近，也不能重用；但也不要欺骗他们，不能给任何人一种言而无信的印象。

《序卦传》说："物不可以终难，故受之以解。解者，缓也。"解除困难，应当立即迅速解决，不可使纷扰延续过久，才会吉祥。以平易的方法，解除困难，可以得到大众的拥护。在解除困难时，时间因素很重要。依大自然的法则，由秋至冬，冻结闭塞。当闭塞到极点，春天到来，一切解除，发生雷雨，各种植物种子的坚硬的壳破裂，再度萌芽。应宽恕、赦免不是故意犯错的人。

在困境中摆脱出来，便可以去进取、去求发展，去做一些较难的事情。但如果处在有利地势，这种进取的把握性就更大，就更容易有所收获。所谓"有利地势"，便是有利的地位、条件和环境。《后汉书·陈宠传》中说：到除夕，如果死刑还没有执行完毕，春天已经到来，就要延伸到第二年的冬天才执行。亦即人的行为，必须与大自然因应。在驱逐小人时，须用中庸、正直的方法。驱逐小人，是为了使正义伸张，所以须坚守正道，才会吉祥。解除困难，也须把握中庸、正直的原则。君子势长，小人必然势消。除恶务尽，才能得到君子的信任与支持。君子应当只与君子交往，必须远离小人，结果才会吉祥。所以，君子在思考是否已经切断不良的交往时，应当以小人是否已经退去来验证。

四十一、损

☷

《损》：有孚，元吉，无咎。可贞。利有攸往。曷之用二簋，可用享。

初九：巳事遄往，无咎。酌损之。

九二：利贞。征凶，弗损，益之。

六三：三人行则损一人，一人行则得其友。

六四：损其疾，使遄有喜，无咎。

六五：或益之十朋之龟，弗克违，元吉。

上九：弗损，益之，无咎，贞吉。利有攸往，得臣无家。

损卦阐释损中有益的道理。

受到损害，失去了一些东西，但取信于人，也是大有好处的。同时，也不要争什么名位，甘于名位排在后边，对将来的发展也会有好处。

损益完全依状况而定，应损则损，应益则益，才能使人民心悦诚服。为解除困难，必然会有损失。损益必须以诚信为基础，以取之于人、用之于人为目的，才能获得信任与支持。但要求适度，而且量力。首先应当考虑不损而益的手段；把握损有余益不足的原则。行动应讲求效率，迅速行动，以使损失减少至最低限度，使增益得到最大的效果。损与益，应依状况，适当运用，应当减损时减损，应当增益时增益，而且柔和、谦虚、中正，才能使人民心悦诚服，全力支持，得以施展抱负。

虽然遭受了损失，但事情已经结束了，就应该迅速地让它成为过去，这是没有错的，事后还在那里斟酌，就会受到损害。这就是说，不要总是患得患失，应振作向前，不要陷在过去的事情上不能自拔，而应立足现实、面向未来。受损之后，要立即采取措施，将损失控制在最小范围内，然后再想办法去弥补。受到了损失，好比三个人一道走路，失去了一个人；一个人走路就会遇到志同道合的朋友，三人同行，容易产生猜疑，其中的一个人会以为另两个人合伙算计自己。两个人同行，谁都不想失去谁而单独走路，因此，容易相互帮助，相交为友。一个人独自行走，会觉得孤单，便要寻觅伙伴。这是说受损也会有得有失。行路是这样，做其他事情也是这样。

不是所有受损害和丧失了东西都是坏事，把陋习、毛病、缺点丢掉了，该庆贺才是。塞翁失马，焉知非福？丧失一些无用的东西，增加一些有用的东西，可以说是意外之"财"。不要以为损失就都是坏事。虽然受到了损失，但采取措施后，不仅让自身的实力没受损失，反而有所增益，这就没有灾祸了。坚持正道就会吉祥，有利于向前进取，这样就会使下属的臣子一心为国而不计较自己的得失。领导者领导有方，使事业在逆境中不仅没有受到损害，反而有所发展、壮大，被领导者就会对事业充满信心、充满希望。因为有奔头，所以会舍己为公，一心扑在工作上。

《序卦传》说："缓必有所失，故受之以损。"减损不能完全视作坏事。为治理国家，有时必须使人民受到某种程度的减损，但必须取之于民，用之于民，才能被人民接受。使人民减损，本来是不吉利，不能长久持续，然而只要诚信，就会有利、吉祥。减损的运用，需要依照实际情况，过刚就应该减损，过柔就应当增益。这也受时间因素的限制，减损、增益、盈余、亏虚随着时间演变。减损泽中的土，以增益山，所以山高泽低。君子应当对自己的愤怒自我惩戒，对自己的贪欲自行扼杀，以减损人欲。《老子》中说："损之又损，以至于无为。"亦即，应当将有为、聪明、欲望减损，恢复到无为无欲的自然状态，这是老子的哲学思想。

虽然舍己助人是应当的，但有时不减损自己而能助益对方，反而使对方更加有益。世上有许多愚忠、愚义的人，却往往不了解这一道理。《象传》说："九二利贞，中以为志也。"这是以中庸为志向的缘故。不损而益的道理、原则应当灵活运用，不可拘泥。还是要坚持正道，中庸而不妄进。如果盲目积极向外发展，就会发生凶险。如前所说，一人行得到朋友，三人一起前往，就会产生猜疑，不知道应当与哪一个结为同志，其中的一个就会离去。平均的原则是要损有余而益不足。以损增益，行动必然迅速。损益应依状况而定，应损则损，应益则益，才能使人民心悦诚服。

四十二、益

䷩

《益》：利有攸往。利涉大川。

初九：利用为大作，元吉，无咎。

六二：或益之十朋之龟，弗克违。永贞吉。王用享于帝，吉。

六三：益之用凶事，无咎，有孚。中行告公用圭。

六四：中行告公，从，利用为依迁国。

九五：有孚惠心，勿问，元吉。有孚，惠我德。

上九：莫益之，或击之，立心勿恒，凶。

益卦阐释益人则益己的原则。

财富增加的时候，与他人有所来往、广交朋友是有利的，容易克服艰难险阻。这是说，有了物质基础以后，还应加强社会联系，网罗人才。有失必有得，有损必有益。损己益人，急公好义，必然使人喜悦，赢得赞美，而且施就是受，诚心诚意帮助他人，必然也会得到诚心诚意的回报。

获得信任与支持，就可以团结力量，集中意志，成就大事。但动机必须纯正，目的必须正当，而且要把握时机，适当运用。在受益的一方，也必须柔顺、谦虚、中正，他人才会乐于助益。急难时向他人求助，并不违背原则，但应以适度、诚信为条件；而且求助的，对象要有选择，不可贪得无厌，否则不但得不到助益，反而招致攻击。

财富增加，有利于发展自身的势力，使自己大有作为，这样是大吉大利的，没有什么灾祸。财富增加，可以用来救济天灾人祸，做这样的事情是没有错误、不招灾祸的。在赈灾时，要讲究诚信和适当；同时，要将灾情向上边报告，派人向上报告时要带上用作凭信的圭。赈灾讲诚信，是说不要空许愿，要做实事。"适当"则是量力而行，救济得太多了财力达不到，太少了又不解决问题，也会被人视为吝啬和虚伪。派人向上报告带凭信，是说要认真负责、郑重其事，从而引起有关部门的重视。

财富增加，只要讲诚信和仁爱之心，就不用问是不是大吉大利。讲诚信，讲仁爱，可以使自己的道德受到滋养。诚信，是胸怀大志的人必备的品德。财富不能永远增加，有了富足的财力，也可能会与他人发生碰撞，遭受打击。这是正常现象，不要因此而坐立不安。心神不定，缺乏主见，不能坚持自己固有的信念，就会招来灾祸，这叫树大招风。过于富足，饱暖生淫逸，也会腐化松懈，从而导致失败。

益卦劝诫人们见善则迁，有过则改。《序卦传》说："损而不已必益，故受之以益。"君子见到他人比自己优秀，就应当毫不迟疑，像风一般立即追随；自己有过失，就应当毫不忌讳，像雷一般果断改过。这是使自己获得增益的大原则。大事必须绝对是善事，才不会有过错。对君子来说，乞求别人是可耻的事情。但当发生凶险事故时，则是例外，不是过失。不过有两种条件：第一，行为必须符合中庸的道理；第二，在向王公汇报时，必须带着礼物，以表示诚信。亦即，在发生各种凶险时，可以向他人求援，但不可违背中庸的道理，而且要诚信，不可以欺骗。对人民布施恩惠，用不着问卜，就知道这是非常吉祥的。这样，人民必然也会以诚意回报，使自己有收获。不可贪得无厌，要求他人奉献，以至无人理睐，甚至引起愤怒加以攻击，正如《论语·里仁》里说的："放于利而行，多怨。"行为只放纵在利益上，就会招致许多怨恨。何况，只看重利益，意志必然摇摆不定，结果当然凶险。《系辞传》说："危以动，则民不与也；惧以语，则民不应也；无交而求，则民不与也；莫之与，则伤之者至矣。"在危险时期采取行动，人民不会参与；在疑惑恐惧中说的话，人民不会答应。彼此意志不能沟通而有所要求，人民不会给以支持；不给以支持，伤害就要来临了。

易理与人生

四十三、夬

☰

《夬》：扬于王庭，孚号。有厉，告自邑。不利即戎，利有攸往。

初九：壮于前趾，往不胜，为咎。

九二：惕号，莫夜有戎，勿恤。

九三：壮于頄，有凶。君子夬夬独行，遇雨若濡，有愠无咎。

九四：臀无肤，其行次且。牵羊悔亡，闻言不信。

九五：苋陆夬夬中行，无咎。

上六：无号，终有凶。

夬卦阐释决裂邪恶的原则。

过度增益，必然又会盛极而衰，小人势力再度生长，又得将其决断。小人诡计多端，决断小人不能不戒慎戒惧。首先应有充分准备，不可妄动。应当刚柔并济，提高警觉，不可冒进。应当不畏非议，不动声色，暗中进行，把握时机，一举歼灭，以免被反击。既不可迟疑不决，也不可冲动，应有决心，审慎行动。决断小人，应把握不偏不倚的中庸原则。当然，最理想的方式，是用柔，以感化使其改过迁善。小人势力，无法长久，虽得意一时，终将毁灭。

当你与某人某集团分道扬镳以后，要把这一情况宣扬公布出去。还要把由此带来的危害，告诉自己的人。这种决裂自然会带来危害，如果注意提防，危害会小一些。也不能立即和过去的朋友、合作者诉诸武力，因为关系密切，所以对方最了解你的弱点，而且在他人不明内情时，朋友之间突然诉诸武力，会让他人感觉你是一个翻脸不认人的人，对你产生反感和疑惑，从而不敢与你交往。这时候应该重新结交盟友，加强自己的实力。况且，刚刚决裂，其他的人还不明白状况，不会轻易表态站在你的立场上。贸然走极端，你便会陷于孤立而导致失败。发生决裂，便是失去了后援和助力，这时候势单力薄。一个人需要双脚走路，"壮于前趾"，只是前边的一只脚强壮，后脚无力，便是无后劲。一只脚再强壮，再有力量，也不便于行走。在这种情况下，走上前去担当什么或去做什么，都是不能胜任的。坚持这么做就是错误，便会导致失败。

做大事，应该双脚强壮，即有根基、有实力。一只脚强、一只脚弱的时候，就需要强大的助力和后援了，或者需要休养生息，等待时机。

势单力薄，又与人公开决裂，只有处处小心谨慎，时刻提高警惕，才会安全。要防备敌对势力的袭击，特别是失去后援和靠山以后。这敌对势力，可能是你从前的敌人，也可能是你绝交的"朋友"。在势力减弱、敌人增加的时候，特别需要保持警惕。决裂而去，势单力薄，所以一切都要忍让。在遇到冷遇和羞辱时，胸怀大志的人应知道"小不忍则乱大谋"的道理，做出一付柔弱可欺的样子，不将内心的怒气表现出来。过于外露，就容易遭到强敌的挑战和陷害。在形势不利的时候，要沉着冷静，要忍让。

因分道扬镳而出走，总要找一个归宿，但是到哪儿都不安稳，因为人家不信任。在这种情况下，就该忍一忍，临时投靠一个有权势的人，暂以栖身。在暂以栖身的地方，不要显示自己很强悍，而应像绵羊那样柔顺，人家要你做什么就做什么，这样会免除灾祸。太强悍和有主见，容易让人怀疑或引起嫉恨。同时，要提高警惕，不要轻信传言。在立足未稳、环境不利、人际关系不明的时候，不要轻举妄动。

《序卦传》说："益而不已必决，故受之以夬。夬者，决也。"夬本来是拉弓时戴在大拇指上的护套，弦由护套上弹离，所以有决断的意思。大凡"夬"旁的字，都有离的含意。夬卦象征君子势力强大，仅有少数的小人有待驱除，但仍应宣告他们的罪状，然后以诚信号召群众，合力将小人排除。不过小人诡计多端，仍然会有危险，不可掉以轻心，所以首先应当告知自己领地的人，先获得支持，不可立即动用武力。亦即本身应先有充分准备，然后才可以发动攻击。应将恩泽施与在下的人民，但不可因此就以为有了恩德。因为一切的恩泽，都来自天赐，并非个人力量所能及。不能胜任而勉强前往，必然是灾难。

决断小人，开始时应隐忍不动声色。东晋的温峤，表面上服从逆臣王敦，却暗地里备战。当时机成熟，一举将王敦消灭。总之，在面对恶人时，明显地显示出敌意，将会招祸。应当不动声色，最后将其决断。虽然暂时也许会被误解，但总有真相大白的一天，所以不必介意。

决裂、出走，并不是消极的措施，而是求进取或避祸的积极措施。之所以决裂，是因为志不同道不合，出走是为了避免祸事，也是离开是非之地，以求自己的重新发展。因此，最好是采取不高不下的中等离避措施——既不混迹于原先的都邑中，又不消极隐蔽，从此再不过问天下事。只有这样，才是正确的选择。

这一卦中有"中行无咎"一说，有人以为，"中行"为"中庸之道"，其实不然。"中庸之道"是儒家伦理思想，中，有中正、中和、不偏不倚之意，庸为平常、常道之义，中庸合称，始于春秋时代的孔子。《礼记·中庸》以"中庸"为美德，并以"中庸"为道德修养和处理事物的基本原则和方法。"中行"与"中庸"有相近的意思，但不是"中庸之道"，因为西伯作六十四卦爻时，儒家尚不存在。反之，"中庸之道"很可能是受《周易》中的"中行"所启发而形成的一种伦理思想。孔子晚年很爱读《周易》，对《周易》有研究且极为推崇，还有可能曾对《周易》中的某些爻辞做过删改、增补。

发生决裂，自有其志不同道不合的缘由，但并不是开始交往时就发现了这一问题，而是交往密切以后才有决裂之说、之举。有人以为，与某人或某集团决裂，可以悄悄地去做，让他人全然不知。这样的结果是，周围的人并不知道这个人与某人或某集团没有了往来瓜葛，所以当某人或某集团对这个人进行打击和陷害的时候，局外人便以为这是起内讧；或者，当某人或某集团搞什么阴谋暴露而受到惩罚时，这个暗自决裂的人也会依旧被牵连进去。此时再说"早已决裂"、"与我无关"为时已晚，他人不会相信，这就是决裂要公开声明的原因所在。

四十四、姤

≡

《姤》：女壮，勿用取女。

初六：系于金柅，贞吉。有攸往，见凶，羸豕孚蹢躅。

九二：包有鱼，无咎，不利宾。

九三：臀无肤，其行次且，厉，无大咎。

九四：包无鱼，起凶。

九五：以杞包瓜，含章，有陨自天。

上九：姤其角，吝，无咎。

姤卦阐释防范不期而遇的邪恶的法则。

当决断时刻，分崩离析，人心涣散，也正是邪恶猖獗的时期。刚毅应当与中正结合，才能相得益彰；如果与邪恶相遇，就难免中圈套，被其伤害，因而必须提高警觉，严密戒备，于邪恶发生之初就应当尽快将其制止，并采取围堵的手段，以防止邪恶的影响扩大。

即使在孤立无援的困境中，也不可企图利用邪恶的力量。这样刚毅孤立的态度，虽然褊狭，但却是不被邪恶感染的最安全的措施。天地间没有绝对的善恶，依时机与运用，恶行也有善用的一面，就看动机如何。因而，也应当包容，这样才能接近群众，获得广大支持，巩固基础。何况阴阳消长为大自然常则，难以违背，只要刚毅中正，坚定信念，伸张正义，以包容邪恶，即可防范邪恶的扩散，在时间的演变中，就可使邪恶自然而然地消匿于无形。

面对偶然发生的事情要有节制，就像车轮连接着刹车一样，行进随时可以停止，这样，又坚守正道便是吉祥的。随随便便地和偶然遇到的人交往会出现凶险，就像一头瘦弱的猪在那里徘徊。瘦弱的猪是由于吃不饱吃不好，所以它会饥不择食。不能饥不择食，也不能目光短浅，只图眼前小利。与偶然相遇的人打交道，将欲望、冲动和至关紧要的事情包藏起来，是不错的，同时刚刚交往就盲目顺从，也是没有什么好处的。这就是说，不要轻信身份不明的人，要善于保护自己。在自身立足未稳的时刻，与素不相识的人打交道，就要处处小心谨慎，不可盲目行动。

最好是仔细观察一下，既不要盲目跟从，也不要随便带着他。伴随不明身份的陌生人，总是会产生不安全感，因此不可与之结伴而行或盲目共事。

《序卦传》说："决必有所遇，故受之以姤。姤者，遇也。""姤"与"逅"同音同义，即邂逅，意外相遇的意思，但"逅"是在道路上相遇，"姤"则是男女相遇。天地相遇，各类的物才明显地出现。刚遇到中正的柔，刚柔相济，相辅相成，就能使抱负大行于天下。对小人应戒备，在其势力形成之前就要严厉制止。如果姑息，允许小人前进，君子就会受到小人的侵害，发生凶险。然而小人不会甘于寂寞，君子不可不戒备。有时候，意外的灾祸也是避免不了的，这或者是由于你是一个弱者，或者由于你可以使人获利，弱点是隐藏不住的。与偶然相遇的人发生冲突，进行较量，要量力而行、适可而止，才不会有什么灾祸。

阴阳消长为必然常态，不可违背，应隐忍以掌握最有利的时机。阴的产生，是自然的必然现象，这是天命，难以违反，所以要坚定根除小人的意志，但不能违背自然法则，应等待时间的演变，否则就会像陨星一样，自行坠落。严厉排斥小人，虽然褊狭，但却安全。《象传》说：

"姤其角，上穷吝也。"因为已经达到上方极点，自视过高，就难免会有褊狭的羞辱。但不与小人接触，即使有被嘲笑为褊狭的羞辱，却没有被小人感染的顾虑，不会有灾难。

四十五、萃

☷☱

《萃》：亨，王假有庙。利见大人，亨。利贞，用大牲吉。利有攸往。

初六：有孚，不终。乃乱乃萃，若号。一握为笑，勿恤。往无咎。

六二：引吉，无咎，孚乃利用禴。

六三：萃如嗟如，无攸利，往无咎，小吝。

九四：大吉无咎。

九五：萃有位，无咎。匪孚，元、永贞悔亡。

上六：赍咨涕洟，无咎。

萃卦阐释万众归心法则。

做什么事都要真心诚意、郑重其事、严肃认真，才会顺利地达到目的。凭借祖先的威望，借助就能宗族、家人的力量，调动一切社会关系，获得广泛的支持，就容易把想办的事情办好。

相遇而志同道合，相聚而结合成群体，为共同福祉积极作为，就能富足强大，安和乐利，开创光明。但动机必须纯正，否则会成为暴力。手段必须中庸，柔和适度，才能保持和谐。必须有英明的领袖才能意志集中，步调一致，有效发挥群体力量，为全民造福。正当的结合不必迟疑，坚定意志，排除障碍，达到真正结合的目的。人望如果不能服众，必须以德行来号召，才能使万民归心。柔和适度，才能保持和谐。结合应以诚信为本，才能互助合作，精诚团结。不正当的结合，必然被唾弃。身为领袖，应当刚毅中正，至善坚贞，以德服人，才能使人心悦诚服；孤高必然失去群众，应当警惕反省。

讲诚信才有号召力和凝聚力。此外，对权力应该认真行使，只有赏罚分明，令行禁止，才能获得部众的拥护。在聚集部众的时候，要有引导和率领，才会吉利而不失误。聚集部众，就是招兵买马。许多人聚集而来，需要安置，且要领导有方，也就是让他们各尽其才，各尽其能，各尽其职。这样，才能充分发挥应召而来的人的作用，才能安定人心，才能有利于扩充实力。同时，诚信目的性的感召，可以加强凝聚力和领导威望，应该利用某些公开场合表明这一点。有的人招兵买马，可是当你去投奔时，他却对被收留的人表现出很勉强的样子，一边叹息着一边收留前来投奔的人，是没有诚意的表现。投奔这种心胸狭窄、没有远见，不会团结部众的人，是没有发展前途的，且会令人感到一种侮辱，还是赶快离开为好。投靠不成只是一种小小的耻辱，如果留下来，就可能蒙受更大的耻辱。

当人们聚集在你的周围时，你应当给他们安排或者许诺某种职位，这样才会使他们安定下来而不发生差错。如果这些安排和许愿不能获得他们的信任，那么自始至终必须显示你具有坚定的、高尚的操守，他们就不会懊悔了。诚信和威望是逐步建立起来的，要用实际行动和时间的考验来使人信服。对于过去的失败应该痛心并吸取教训，这样，才有利于重新聚集部众，否则还会重蹈覆辙。

《序卦传》说："物相遇而后聚，故受之以萃。萃者，聚也。"民众向一起聚集，象征心服一德。聚集成为群众，就需要治理，否则会陷入混乱。所以出现品德高尚的伟大人物，领导群众当然有利，肯定亨通。不过聚集应以动机纯正为条件，动机不纯正的聚集只会造成祸乱，有害无益。聚集日益丰富，民心一致，就可以积极前进从事伟大的事业了。但聚集愈多，愈容易发生意外的灾祸，所以应当经常清理整备武器，以戒备不虞事件的发生。

要以德服众。在君位，要以德使天下聚集在自己的统治下，当然不会有灾难。但如果天下仍然不信任，自己就要以至善的作为、永远坚贞的德行来感化，必然可使后悔消除于未然。《象传》说："乃乱乃萃，其志乱也。"天下之所以仍然不信任，是因为自己的志向还不够光大的缘故。孔子说："故远人不服，则修文德以来之。"（《论语·季氏》）远方的人不服时，就要致力于文教的德政，以使他们前来归顺。人如果不能服众，必须以德行来号召，才能使万民归心。

四十六、升

《升》：元亨。用见大人，勿恤。南征吉。

初六：允升，大吉。

九二：孚乃利用禴，无咎。

九三：升虚邑。

六四：王用亨于岐山，吉，无咎。

六五：贞吉，升阶。

上六：冥升，利于不息之贞。

升卦阐释升进的原则。

既处于发展上升期，一定是具备了某些基础和条件，且有相应的实力，这时候结交一些有权势、有实力的人物，对自身的发展是会有好处的。建立群众基础，得到人民拥护，就可以施展抱负，向前升进。

升进应追随前人的足迹，作为借鉴，才能顺利；而且应有诚意，才能得到支持。升进为积极的有所作为，应当勇往直前，不必疑虑。任用贤能，依循众人所期待的方向前进，必然不会有阻力。更应当有目标，知道节制，盲目冒进，将无以为继。

身处发展上升时期，当力量足够的时候，应该解决主要矛盾。在有利的情况下，同样需要讲诚信。这诚信，应该在公开场合表现出来，使部众深信不疑，使部众看到决心和希望，便会同心协力。在求发展的过程中，不要只求眼前的实利，为了长远的目标，即使暂时无利可图的事情，也要去做。要坚定信念，以求进取和更大的发展。同时，切不可急于求成，要稳扎稳打，脚踏实地。要想上升得更高，发展得更加强大，就要永远坚守正道，永远具有高尚的操守。具有大德、大胸怀、大才干，才能有大的发展。

《序卦传》说："聚而上者，谓之升，故受之以升。"地里生出树木，不断地长大升高。树木时时刻刻都在生长，如果停止生长，就会枯死；君子也应当效法这一精神，提升自己的德性，不断进修，由小处着手，累积成高大。在升进中必须有诚信，不必拘泥于形式，顺着应当做的事去做，必然吉祥，没有灾难。

升进必须有节制，否则后力不继。盲目上升到极点，消耗过度，力量不足，就会头晕目眩，摇摇欲坠。

四十六、升

四十七、困

《困》：亨。贞大人吉，无咎。有言不信。

初六：臀困于株木，入于幽谷，三岁不觌。

九二：困于酒食，朱绂方来。利用享祀。征凶，无咎。

六三：困于石，据于蒺藜，入于其宫，不见其妻，凶。

九四：来徐徐，困于金车，吝，有终。

九五：劓刖，困于赤绂，乃徐有说，利用祭祀。

上六：困于葛藟，于臲卼，曰动悔有悔，征吉。

困卦阐释应对穷困的原则。

身在困窘之中，必求通达、顺畅，但必须坚守正道；对于目光远大的人来说，身处困窘也是吉祥，没有灾祸的。不过，这时候说什么话，别人是不会相信的。困窘和通达是相对的，经受了困顿的考验，依然乐观向上，就会通达、顺利。在某种意义上来讲，没有困顿，也就没有通达顺利。

一个胸怀大志的人，就应该"富贵不能淫，贫贱不能移，威武不能屈"。困苦也能磨炼人的心志，所以孟子说："故天将降大任于斯人也，必先苦其心志，劳其筋骨，饿其体肤，空乏其身，行拂乱其所为，所以动心忍性，增益其所不能。"但是为什么这期间所说的话，别人不相信呢？这并不奇怪。一个贫困的人，大谈致富的道理，这道理无论有多么大的价值，也不会为人所信服的，只有用实际行动来证明你所说的话是对的，别人才信服。此外，身处困顿之中的时候，最好少发议论、少说空话。

升进到极度，必然会又陷入穷困。当陷入穷困中，往往难以忍受，必须明智，必须审慎，徐图突破，不可操之过急。必须坚持刚毅中正的原则，经得起考验。以不正当的手段解除穷困，反而愈陷愈深，此时必须及时反省，才能突破。

有一种困顿，是受到某种束缚和牵制，或者处在一个狭小的天地之中，在这样的情况下，有志难伸，可以"小打小闹"，但在数年之内都不会有较大发展。酒食发生困难，就是过于贫穷，已没有什么家底，在这种时刻官运来了，掌握了一定的权力，就该好好地管理自己的治下，休养生息，安宁本分。与对手进行竞争和不自量力地扩充，是不明智的，因为刚刚有了权力，还不具备物质基础。

有一种困顿，是由于行动缓慢，被困在军兵和战车之中造成的，这是耻辱，但最后还能有好的结果。兵贵神速，无论做什么事情，都应该抓住时机，迅速决断。迟疑不决，就什么也做不成。本来具有一定实力，可以把事情做好，由于自身不能抓住时机而陷于被动，不是耻辱是什么？如果说还有"好的结果"的话，那么是由于实力还在，但这"好的结果"并不是大有作为，而是可以从困顿的局面中摆脱出来。局势动荡，随时都会出现灾祸。这种时刻，就不能牵扯在其中，三十六计，走为上。

《序卦传》说："升而不已，必困。故受之以困。"要有经得起考验的坚定意志，陷身于穷困之中，仍然自得其乐，必然是能坚守自己的原则，坚信自己的理想，所以通达。像这样坚守正道，唯有伟大的人物才能做到。不过，虽然能够安于穷困，坚守原则，但被小人掩蔽，所说的话不会有人相信，应当隐忍，保持沉默。陷身于危险中，仍然快乐；身在穷困中，仍然不放弃理想，这不是唯有君子才能够做到这一地步吗？坚守正道，有刚毅中庸的德性，伟大的人物就会吉祥；陷身穷困，说话则不会有人相信，即使多言巧辩，无补于实际，不会有人相信，反而使自己更加穷困，所以，应当隐忍沉默。

君子以致命遂志。在穷困中，就要不惜牺牲生命，以达成理想。《论语·子张》说："士见危致命。"过度丰盛的酒菜，只适合于祭祀，平时享用则过于招摇，就会凶险。应当谨慎本分，才会没有灾难。不应当穷困而穷困，名声必然蒙羞；不应当占据却占据，自身必然危险。既羞辱又危险，死期就要到来。由此可见，不中不正，企图侥幸妄进的小人，必然会陷入凶险中。君子被小人折磨，并不一定是陷入穷困，反而会愈加激发惕厉奋发。倒是被小人怀柔，才是真正的被穷困。要像祭祀般诚心诚意，就可得到神的降福。解除穷困，若手段不正当，反而会愈陷愈深，必须及时反省。

四十八、井

《井》：改邑不改井，无丧无得。往来井井。汔至，亦未繘井，羸其瓶，凶。

初六：井泥不食。旧井无禽。

九二：井谷射鲋，瓮敝漏。

九三：井渫不食，为我心恻。可用汲，王明并受其福。

六四：井甃，无咎。

九五：井洌寒泉，食。

上六：井收勿幕，有孚元吉。

井卦阐释养民用贤的道理。

当在穷困中，就必须起用贤能，才能振弊起衰。贤能被遗弃在民间，是莫大的人才浪费，只因往往是人事渠道阻塞，以致不能任用。因而，当政者必须时刻留意发掘人才，以为国用，以造福全民。而贤能的人，也应当诚心诚意，不断进修，充实力量，以服务人民为己志；否则，也会因不合时宜而被淘汰。

无论做什么事情，都要执行法令和保持秩序，否则就一事无成。有了法令，就要执行，就要严格遵守。既为法令，就不能变来变去，也不能因人而异。陈旧的法令和制度不适应新的形势，因此就起不了什么作用。在新的形势和局面之下，法令和制度必须加以补充、修改，才会行之有效。有些法令和制度，就如同在井口与井水之间攫取小鱼，和用破漏的瓮来打水一样。有些法令和制度完全不切合实际，形同虚设；也有的漏洞百出，很容易被人钻空子，因此实际效用不大。

有了行得通的好的法令和制度而不去执行，实在是可惜、可悲的。一个明智的领导人，应该积极主动地推行这些行之有效的法令和制度，这样，事业才会得以发展，自身也会受益。法令和制度要有贯彻和执行的手段，令出政行，这法令和制度才是行之有效的。法令和制度太严峻，就会使人们长期在害怕和担忧中生活，这也是不行的，严刑酷法会招来民愤、激起民变。法令和制度要使大多数人感到安居乐业有保障，使少数人感到胆寒，才是好的法令和制度。要让法令和制度发挥作用，就应该公布于众，让人们心中有数。讲求诚信，严格遵照公布于众的法令和制度行事，做什么事都会顺利。

《序卦传》说："困乎上者必为下，故受之以井。"处理事务，应当遵循过去的成例，不可以任意变更，这样，就是没有功，也没有过，进退就不会有改变。另一方面，也应当谨慎小心，贯彻始终，不可功亏一篑。井以水养人，而汲之不尽。《象传》说："君子以劳民劝相。"树木由根部汲取水分，到达顶梢，或者是以木制的水车辛苦从井中汲水，都是为了养活树养活人。君子应当效法这一精神，鼓励人民劳动，并相互劝勉协助，以维持并改善生活。不合时宜的人，将被淘汰，就像旧井不能获得水，因为时间的演变而被舍弃了。应当求贤若渴，发掘人才。井里有可以汲取饮用的水却无人取用，犹如有贤士在野，却没人能用他，明智的君王就应当将这些贤士提拔任用，对大家来说就都是幸福。贤士应当进修充实自己，不会没有出头之日的。

当人在最高位时，就应当始终诚心诚意地以服务人民为职志，才是最大的善行，也是最大的吉祥。

四十九、革

《革》：巳日乃孚。元亨，利贞，悔亡。

初九：巩用黄牛之革。

六二：巳日乃革之，征吉，无咎。

九三：征凶。贞厉。革言三就有孚。

九四：悔亡。有孚改命吉。

九五：大人虎变，未占有孚。

上六：君子豹变，小人革面，征凶，居贞吉。

革卦阐释变革维新的原则。

进行变革，也就是弃旧立新，但在这时候，许多人会持怀疑态度，要想让人们相信变革会带来好处，从而支持、拥护变革，就必须用事实来说话，这就需要时间。要想变革成功，就要推行像黄牛皮那样的变革——既强有力又比较温和，也就是措施要强有力，方式方法要温和，这样容易获得部众的拥护和支持，使变革顺利进行。

　　盛极而衰，当腐败迹象已经显露，就必须采取变革的非常行动，但一切文物制度可以变革，治国的根本原则却不会改变。变革的原则，首先应巩固自己，并且等待时机成熟，当势在必行，然后发动，顺天应民，才能得到群众的信任与支持。鉴于变革为非常行动，所以需要极端慎重，不可急功近利。领导变革，必须诚信，手段正当，刚柔并济，既不畏怯，也不妄进，把握中庸原则。变革并非修饰，应是彻底革新，广及于大众。

　　"革命"一词，我们沿用了多少年代，但我们是否想到，它正是出自古老的《周易》呢？周易哲学立足于"变"，革卦则是论变的典型，足以引人深思，催人惕怵。先天而天弗违，后天而奉天时。《序卦传》说："井道不可不革，故受之以革。""革"原意是皮革，兽皮经过加工，制造成柔软的皮革，而内在的实质却没有改变，含有改革、变革的意思。王朝可以变化，风俗习惯、文物制度可以改革，但治国的根本原则不会改变。变革要在必须变革的时候采取行动，这样才能得到群众的信任和支持。变革者必须具备元始、亨通、祥和、坚贞的德行，因变革是非常行动，当然会随之发生一些令人后悔的事，可是若具备

182

易理与人生

以上四种德行，就可以使遗憾消除于未然。天地革而四时成，汤武革命，顺乎天而应乎人，革之时大矣哉！但改革必须时机成熟，要等待盛极而衰，腐败已经显露的时刻，才能发动改革。

改革者应以文明德行使群众悦服，改革的意图才能够大有亨通，使一切步入正道。在实行变革之前，应该先进行酝酿、谋划、宣传、鼓动，一方面是考虑周到，"三思而后行"；另一方面则是先造舆论，使部众有精神准备。过一段时间，时机成熟了，再开始实施变革。这种打好基础而实行的变革，很容易见到成效；然后再去扩充自己的实力，再去开拓新局面，就会很顺利地获得成功。在刚刚进行变革的时候，重在调整内部，革新内部机制，调动人的积极性，不宜对外开展大的行动。实行变革要拿定主意，考虑成熟；这样，对部众谈论自己的想法时，才会前后一致。有了明确而又坚定的主张，才会使别人信服，才能把力量放在一处。

一切的改革必须依循大自然的法则进行。适应形势，进行变革，灾祸就没了。能够让部众信服，即使下了命令又改变，也是吉利的。让人信服，就是建立了威信，这时候改变已下的命令，也不会使部众产生疑问，部众就会坚决执行。令行政通，一切事情都好办。天地由变革形成四季变化，化育万物。商汤王、周武王革命，依顺天时，因应民心，是势所必然的行动。所以"顺天应人"这句话成为后世革命常用的口号。大体上，儒家对革命持肯定态度。孔子虽然没有明确的说法，但孟子则明确地说："天子受天命而成为天子，但天命的有无，则显示在民心的向背。违反民心的天子，就丧失了天命，必然被民心所归的新受命者打倒。"变革必须慎重，即或势在必行，也须再三经过讨论，即所谓"变革三言"，也就是是说，三次意见一致，认为可行，才能行动。

改革者的性格、时间因素，以及改革的步骤，也很重要。当从事改革之前，领导变革的伟大人物，必须自己先行改革，然后改革周围的人，最后推广于天下，改革才能成功。而且，改革并非修补装饰，而是要彻底使其面目一新，就像老虎的斑纹，到了秋天，变得光泽鲜明。老虎在野兽中，最有威严，相当于伟大人物，所以用虎比拟伟人。

进行变革，要防备有权势的大人物突然变脸，因为有些大人物是不讲信用的。未变革之前或者刚刚开始实行变革时，有权势的大人物也许不会反对；但是真正实行变革之后，触犯了他们的利益，他们便会露出凶相，进行反对。在实行变革时，要提防权贵们的反复无常，也要提防他们的破坏。权贵们毕竟是有势力的，他们的突变，会导致变革的失败。在我国近代史中，戊戌变法就失败于慈禧太后勾结荣禄、袁世凯等权贵的政变。

道德高尚的人会暗暗地改变自己，品德低下的人会一下子变成另一副面孔。进行征伐是凶险的，固守正道才是吉利的。在发生变革以后，道德高尚的人并不为追求个人的私利而改变自己，而是顺应潮流，经过观察和思考，暗暗地改变自己。品德低下的人就不同了，他们并非从心底里赞成和拥护变革，而是从私利出发，马上来一个一百八十度的大转弯，好像换了一个人似的。在这种情况下，善于看风使舵的人很可能会受到重用；那些不会投机取巧的正派人，反倒会被误解而得不到任用。这样，对于进一步开拓视野是没有好处的，所以不宜有大的行动。不过，改革要想成功，先决条件是应当在未卜吉凶之前，先得到群众的信赖与支持。当改革已经完成后，应当随着时代的演进，继续革新自己，致力于新的文化建设。群众也应当革除邪恶，善良温顺地追随领导，才能享受改革的成果。

当改革完成之后，不可再采取积极行动，应当使群众有喘息休养的时间，以适应新的生活，这样才正当而且吉祥。人性本来善良，只要表面改变，能够服从，就可以了。如果对群众过分要求，反而凶险。只要固守正道，就会吉祥。

五十、鼎

《鼎》：元吉，亨。

初六：鼎颠趾，利出否，得妾以其子，无咎。

九二：鼎有实，我仇有疾，不我能即，吉。

九三：鼎耳革，其行塞，雉膏不食，方雨，亏，悔，终吉。

九四：鼎折足，覆公餗，其形渥，凶。

六五：鼎黄耳金铉，利贞。

上九：鼎玉铉，大吉，无不利。

鼎卦阐释为政用人的道理。

"问鼎"一词，即喻图谋夺取政权。"鼎"除喻王位、帝业外，还有显赫之义。问鼎也指身为某国或某单位的最高领导者，正想可大展宏图，做出一番轰轰烈烈的事业来。

本来高居王位，或者身为领导者，应该是权力很大的，但由于种种原因，大权旁落，威风扫地，处境艰难。这时候，最好的选择是不问政事，隐居家中，去安享天伦之乐，如此，才不会招灾引祸。变革必须储备人才，起用贤能，方能除旧布新。拔擢人才，必须知人善任，小人成事不足败事有余，不足以担当重任，必须排除；任用不当，必然招致灾祸。贤能没有被重用，不可心灰意懒，坚守正道，终究有施展抱负的一天。明智的君王，刚毅的臣下，必然相得益彰，唯有刚柔相济，才能无往不利。掌握实际权力的领导者，不应该重用那些有严重缺点和毛病的亲朋好友，不要任人唯亲，只有这样，才是吉利的。

一个领导者，如果失去耳目，听不到周围的声音，他的行动就会受到遏制。这就如同烧好了的肥美的山鸡摆在面前，不知道去吃；种庄稼不修水利，到了缺雨的时候才懊悔。不过，知道了懊悔，到最后还是吉利的。一个领导者必须随时了解各方面发生的新情况。信息不通，他就无法做出正确的判断，就不知道利弊得失所在。知道懊悔，意味着要改变以往的错误做法，那么一切都还有希望。

鼎足是象征，应视为一个领导者的基础或依靠的主要干部。失去了基础和借以行使职权的干部和助手，正常的工作便不能开展，事业就会垮台。俗话说"饭碗砸了！"没了"饭碗"，怎么会不狼狈呢？一个领导者有了能干而又牢靠的耳目，及借以抬高自己、巩固自己地位的助手以后，还要坚守正道，才会顺利、发达。一个领导者所依靠的助手及部下，都是精明强干而又品德高尚的人，是大吉的。助手和干部的廉洁奉公、精明强干，使领导者没有后顾之忧，会给事业的发展带来极大的好处。这其中当然也有领导者应知人善任的意思。

《序卦传》说："革物者莫若鼎，故受之以鼎。"鼎是煮食物的器具，一切生硬的物，经过鼎煮熟，都会变软，有更新的作用。鼎不但是煮食物的器具，又是代表君王权威的宝物，也是祭器与供养贤士的器皿。鼎上的花纹，有镇邪的作用，有时也将法律条文刻在鼎上，以显示法律的庄严。改朝换代后，新登位的君王的第一件工作就是铸鼎，颁订法律，以象征新时代的开始，并表示吉祥。鼎的形状，端正稳重，君子应当效法这一精神，以端正稳重的态度，凝聚完成上天赋予的使命。《象传》说："君子以正位凝命。"说的就是这个意思。鼎中充实，是说本身有才能，但对进行的方向，仍然要谨慎。自己的仇人有恶疾，只要坚守正道，就不会被感染，最后不会有怨尤。贤能不被重用时，应坚守正道，终有出头的时日。

应知人善任，小人不可以担当重任。孔子在《系辞传》中引用这一"爻辞"说："德薄而位尊，知小而谋大，力小而任重，鲜不及矣。"才疏学浅，而地位尊贵，欠缺智慧，来图谋大事，则很少不会有灾祸了。亦即，当才能不足以担当大任时，必然凶险。正如《象传》说的："鼎耳革，失其义也。覆公𫗧，信如何也。"这不是信任与否的问题，而是才能是否足以胜任的问题。也说明应知人善任，小人不可以担当重任。

五十一、震

《震》：亨。震来虩虩，笑言哑哑，震惊百里，不丧匕鬯。

初九："震来虩虩"，后"笑言哑哑"，吉。

六二：震来厉，亿丧贝，跻于九陵，勿逐，七日得。

六三：震苏苏，震行无眚。

九四：震遂泥。

六五：震往来，厉。意无丧有事。

上六：震索索，视矍矍，征凶。震不于其躬于其邻，无咎。婚媾有言。

震卦阐释社会大变动时的应对法则。

在发展进步的过程中，难免不发生意外的重大事故，令世人震惊。唯有戒慎恐惧，记取教训，才能有法则可循。发挥刚毅的力量，镇定从容应对，不致惊慌失措；即或遭受灾难，也可发生延滞作用，使损害减少到最低限度，并能迅速复原。

平时戒慎恐惧，经常反省检讨，即可防患于未然；经常保持高度警觉，在灾难未到来之前，就可使其消减于无形。《序卦传》说："主器者，莫若长子，故受之以震。震者，动也。"震卦指出，当灾难来临，恐惧万分，过后就忘记，谈笑自若，不知警惕，将不会得到任何益处。当地震来时，百里以内震惊，但虔诚祭祀的人，手中的酒匙却没有掉落，比喻如果平时戒慎恐惧，当突然遭受震惊时，不会惊慌失措，而能从容镇定。震卦象征担任祭祀的长子，所以用匕鬯比喻。在《周易》六十四卦中，几乎每一卦都以盛极而衰、物极必反的道理谆谆告诫，提示人们必须时刻以戒慎恐惧的心态处世，时刻谨记适可而止的重要性，才能确保长久安泰。震动，就能亨通。震动来临，战战兢兢，因恐惧而知戒备，后来就会幸福。因为能够记取教训，以后就会有了法则可循。震惊百里以内，是说远方受到震惊，而使近处恐惧，提高警觉。凡事能够戒恐的人，就可以担任领袖、担当保家卫国的重任了。君子应当效法这一精神，以戒慎恐惧的态度，致力于进德修业，自我反省。在遭受令人震惊的灾难时，自己知道警觉，就可从容应对。

领导者应该具备一定的权威，严格执行规章制度，说话算话，秉公办事。一个没有威望、不能严格要求自己和部下的领导者，是干不好大事业的。

当有威严的领导者实行严厉的政策法规时，有些人可能会失去很多钱财。有些人忍受不了严厉制度，会逃走，藏在深山之中。这就是说，严格执行规章制度，也可能会有损失——即失去一些追随者。对于这些人，不可强求他们留下，一定要走的就让他们走。有的走了一段时间，可能还会回来，因为他们会意识到，严格按规章制度办事，就会使事业繁荣发达。事业繁荣发达，会给所有的人都带来好处。

威严，可以使处于困境的事业得到解救。严格执法，是不会有错的。这是强调发挥领导者的权威。一个部门、一个单位，处于一种混乱的、一盘散沙般的状态，就必须由有权威、行事严厉的领导人来治理，坚决去除弊病，才能使这一部门、单位起死回生。一个有威严的领导者，就应该永远保持威严。领导者保持威严，才会使部从不松懈；永远保持威严，才可长久地使部下勤恳、认真地工作。不要以为所有的人都不愿在威严的领导者手下做事。有了威严的领导，便会雁行有序，工作井井有条，人们也会由此而得到好处。

　　一个威严的领导者很孤独，他年老了但却仍显示出很有精神的样子。在这种时刻，对外征伐是凶险的。讲威严，不对自己，而对周围邻近的人，自然是不错的，但亲属们会有议论。威严必须和信服、尊崇相结合，否则人们就会敬而远之，自己成为"孤家寡人"。一个上了年纪的领导人，依然摆出身强体壮、年轻有为的样子，依然像年轻时那样争强好胜是不行的，应该量力而行，不要开展大的行动，因为在这时候，领导者的威严对别人还起作用，其实自身已经打不起精神，昔日的威风已不复存在。这一点，自己的亲眷、家人是很清楚的。表面强大，内里空虚，是不能胜任大事的。

五十二、艮

䷳

《艮》：艮其背，不获其身，行其庭，不见其人，无咎。

初六：艮其趾，无咎。利永贞。

六二：艮其腓，不拯其随，其心不快。

九三：艮其限，列其夤，厉，熏心。

六四：艮其身，无咎。

六五：艮其辅，言有序，悔亡。

上九：敦艮，吉。

艮卦阐释适可而止的道理。

有行动，就有停止。在前进中，如何自我节制，适时、适地、适当地停止，就需要有高深的修养。做什么事情都要自我约束，要有自知之明，适可而止。停止应当停止于行动未开始之前，才不会失当，才不会身不由己。如果刚强过度，不知节制，应止不止，或止步不当，以致众叛亲离，必将忧心如焚。唯有达到不为外物所动，不为贪欲所蔽的人我两忘的境界，言语行动才能自我节制，动静得宜，适可而止。但止于至善，才是止的最高境界，最后的坚持，更加重要。

对自己的部下加以限制和约束，最好是在不知不觉中施行，而不让部下感到受着控制。这就好像走进了他的院子，而又不让他看见一样。如此限制和约束部下，就不会有过失。对部下应该信任，但又要考察，不要盲目信任。对部下的考察，应该在暗中进行，不要让部下感觉领导者不信任他，而影响其情绪和工作。同时，对部下要暗加约束和限制，不能让他利用职权胡作非为。对部下的行动加以限制和约束不为过，这样有利于部下长久坚守正道。限制和约束，不等于不信任。反过来，对部下不加以约束，放纵不管，部下就会骄狂起来。部下的骄狂，不仅会惹是生非，而且有可能走向反面。历史上，这样的事例是不少的，最著名的如唐玄宗李隆基所宠信的安禄山，被杨贵妃收为"养儿"，屡次加官，最终叛唐作乱。对部下加以限制和约束，不仅可以防止部下走向反面，而且可以使自身的事业得到可靠的保障。在限制和约束下，部下完全按照领导者的意图去办事；但这样办事，也是会发生错误的。这时候，领导者如不加以救援，部下的心里是不会痛快的。部下按照领导者的意图办事时，出现错误，领导者应该承担责任，并且要给予帮助，甚至保护。这样，部下才会死心塌地地去按照领导的意图做事。

对部下的限制和约束应该有一定的限度，要使部下知道官职的排列是法定的，下级要服从上级，不可逾越，造成混乱，同时还要激励部下的进取心。要激励部下认真工作，发挥才干。对有功劳、有成绩的部下要加以奖励和提拔，使部下感到自己有希望、有前途。

约束部下只是一个方面，另一个方面，就是要经常对他们进行评定——有成绩的，要加以鼓励、奖赏、提拔；工作任务完成不好的，要加以批评甚至惩罚。有奖有惩，才能促进工作；领导者心中有数，才会使部下不消极怠工。一个好的领导者应该不断地激发部下的进取心和荣誉感，并让他们的工作成就与实际利益结合起来，这样，事业才会兴旺发达。

对部下加以限制和约束，是对事业而言的；在待人上，领导者应当厚道而且用心善良，如此，就会吉祥、顺利。一个好的领导者，既要对部众强调按规章制度办事，又要体谅部下的苦衷。领导者关心部下，给部下解决实际问题，就会在领导与被领导之间产生良好的融洽气氛，这样同心同德，就会有利于事业的发展。此外，对部下进行限制和约束还应讲究方式方法，使部下能感受到领导者的良苦用心，部下才会心服口服，自觉地去约束自己。

　　《序卦传》说："物不可以终动，止之，故受之以艮。艮者，止也。""艮"有止的意思。人的身体，最不容易动的静止部分是背部。背部静止，身体就是想动也不能动。用来比喻内心宁静，不为外物所动，就不会妄动。即或在行动中，内心依然保持宁静，就可到达忘我的境界。当到达这一境界时，对外界的一切刺激，心都不会触动。所以在走过有人的庭院时，也不会觉得有人存在。能够像这样不论动静，内心都保持安宁，必然理智冷静，能够适可而止，不会有灾难。这里充满老庄的避世思想。周敦颐说："一部《法华经》，只消一个艮字可了。"《周易》的一个艮卦，就可以取代《法华经》全卷，也许这是符合宋代禁欲的伦理思想的缘故。艮是指时止则止，时行则行。动静不失时机，前途必然光明。《大学》中说"在止于至善"。孔子说："于止，知其止所。"亦即：君止于仁，臣止于敬，子止于孝，父止于慈，人与人之间止于信。君子以思不出其位。君子应当效法这一精神，在其应当停止处停止，思考不可超出本分以外。必须长久坚守正道，才能有利。停止应当在行动未开始之前，才不会失当。应止不止，勉强追随他人，不会愉快。应当知机，自我约束，适可而止。言语谨慎，即可避免遗憾。言语，也应当适可而止。

　　一切都到了终止时，更要谨慎敦厚。所以，最后的坚持最重要，也最吉祥，这样才能止于至善。

五十三、渐

《渐》：女归吉，利贞。

初六：鸿渐于干。小子厉，有言无咎。

六二：鸿渐于磐，饮食衎衎，吉。

九三：鸿渐于陆，夫征不复，妇孕不育，凶。利御寇。

六四：鸿渐于木，或得其桷，无咎。

九五：鸿渐于陵，妇三岁不孕，终莫之胜，吉。

上九：鸿渐于阿，其羽可用为仪，吉。

渐卦阐释循序渐进的原则。

凡事需循序渐进。进取，由停顿的状态迈步向前时，不应急功近利，而要循序渐进。循序渐进，还应坚守正道，才会有利于进取、发展。循序渐进，就如同鸿雁一只一只地下落在水边。年轻人需要磨炼，有点怨言也没关系，只有这样，才会不犯错误。鸿雁起落是一只接一只的，所以有"雁行有序"之语。这里是说，年轻人求进取应该一个台阶一个台阶地上，不要心急，因为年轻人经验不足，需要经过磨炼，才会成熟起来。

在进取中，循序渐进，有时很可能长时间得不到提拔，但这时不用着急，也不用泄气。这样想开了，就会吃得好、睡得香，高高兴兴。在进取途中，不可能一帆风顺，很可能会受到阻拦，这就如同结婚三年，妻子一直不怀胎，有些令人失望。但失望之余，不要气馁，不要着急，只要坚持下去，一步一步地走，最后的胜利是会来临的。

鸿雁的羽毛翅膀，是鸿雁借以飞翔的东西。人的进取，也需要动力和助力。雁行有序也是靠羽毛翅膀调节的，人在进取中的循序渐进，需要顽强的精神、明智的头脑和付出心血代价。在进取中，一步一个脚印，一个台阶一个台阶地上升，最后达到了目的地，这是值得庆贺的。但是，不要忘记那些在渐进路上有功劳的人和有助于你的人，要公开地进行表彰，要给他们以荣誉，使他们成为人们学习的楷模。同时，还要总结经验，使渐进的方式、方法成为以后工作的准则。

进取要刚毅，但也要把握中庸原则，不可以勉强，不可以冒进。应当稳当，依据状况，把握时机，脚踏实地，一步步地循序向前迈进。动静顺乎自然，才能安全，行动不会穷困。如果刚强过度，不停地冒进，就有脱离群众的危险。当然，在渐进中，会有阻碍，但邪不胜正，必须以正当的方式突破。超脱于世俗之外，不为名利所累，则可进退由心，可以说是进的极致。

《序卦传》说："物不可以终止，故受之以渐。渐者，进也。""渐"是水浸透，有渐渐前进的含义。《周易》告诉人们：山上有木，渐渐成长，渐渐增高。君子应当效法这一精神，渐渐地蓄积贤德，渐渐地移风易俗。渐进不可刚强过度，以致离群，刚强只适于防御外敌。渐进应当因应状况，才能安全。

对进取，有采取隐居退避方式的。超脱于世俗之外的隐士，虽然对社会没有实际的贡献，但其孤高的德操，却足以成为世人的楷模，所以吉祥。

五十四、归妹

《归妹》：征凶，无攸利。

初九：归妹以娣。跛能履，征吉。

九二：眇能视，利幽人之贞。

六三：归妹以须，反归以娣。

九四：归妹愆期，迟归有时。

六五：帝乙归妹，其君之袂不如其娣之袂良。月几望，吉。

上六：女承筐无实，士刲羊无血，无攸利。

归妹卦阐释婚姻结合的道理。

婚姻是人伦的开始，也是人伦的结束，为人生天经地义的大事，必须慎重，不可违背原则，应当顺其自然，不可过度积极，更不可强求。家庭以主妇为主体，柔顺、中庸、坚贞的妇德，为端正家庭的基石，即或以卑贱的妾的身份出嫁，遇人不淑，坚守妇德，仍然有利。轻佻只宜嫁人为妾。贤淑宁可迟婚，也要选择正当的对象。重于外表的虚荣，缺乏妇德，婚姻不会美满。这一卦，也可看作为部属的道理，进退的原则。

归妹卦也喻示统治者，强迫他人臣服是不可取的。人的地位和关系是可以改变的。对待夫妻之间的事，应该睁一只眼闭一只眼，像一个深沉的人那样坚守为夫、为妻之道，是有好处的。对家中的琐事和夫妻之间所发生的小小不和的事情，不要斤斤计较，有的就装作没有看见。在这种事情上，要沉稳点，不要急躁，也不要过于认真；只要不出大格，不过问为好。

《序卦传》说："进必有所归，故受之以归妹。""归"是妇人停留在夫家，也有回到应当回去的归宿的意思。《周易》指出天地不交，而万物不兴。君子应当效法这一精神，目光放远，看破结果，明晓弊害，而能事先筹谋。名位不当，坚守纯正，依然吉祥。高贵的品德，比虚荣更重要。德行不正，结果不会美满。

五十五、丰

䷶

《丰》：亨，王假之。勿忧，宜日中。

初九：遇其配主，虽旬无咎，往有尚。

六二：丰其蔀，日中见斗。往得疑疾，有孚发若，吉。

九三：丰其沛，日中见沫，折其右肱，无咎。

九四：丰其蔀，日中见斗，遇其夷主，吉。

六五：来章有庆誉，吉。

上六：丰其屋，蔀其家，窥其户，阒其无人，三岁不觌，凶。

丰卦阐释盛衰无常的道理。

盛大应积极去追求，但应适度。因盛大而迷失，终于完全被闭塞。盛极必衰，必须警惕。贤明的领袖，应当积极求发展，创造财富，使百姓丰衣足食；然而，也应当了解盛大容易迷失，必须居安思危，以诚信启发全民意志，坚持刚正的态度，精诚团结，任用贤能，积极作为，才能够持盈保泰，享受丰盛的成果，不致因盛大产生流弊，导致毁灭。否则，得意忘形，自我陶醉，必然使自己闭塞，终于孤立，完全陷于黑暗了。

财力丰厚，就会通达顺利，君王也会借助你的财力并看重你，这是不必担忧的，但这些都适用于一段时间之内。因财力丰厚而被君王借重，一时之间不会有什么大麻烦，但时间久了就会产生问题，首先是君王的猜疑，而后被借重者也会认为自己不被信任。君臣失和，是非自然会多起来。财力丰厚的人，为领导者所用，但也容易受到猜疑，所以应当谨慎行事。具有丰厚财力的人，投奔到有资格来统领他的主人门下，即使经过较长的一段时间，也不会出问题。他投奔而来，会受到主人的尊重。将自身的丰厚财力遮盖起来，如同白天看北斗星，那是看不见的；但是如果去做什么事情，别人就会产生怀疑，甚至引来憎恨和妒忌，这时候应该表现出诚信来，努力解除怀疑和嫉恨，做事就吉祥顺利了。不做事、不行动的时候，财力是不容易显露出来的；但是一做事、一行动，财力是遮掩不住的。所以，具有财力的人，容易引来怀疑和嫉恨，因为有财力本身会对他人造成威胁。此外，"恨人有，笑人无"大约自古有之。财力过于丰厚或者财力发展过快，不是过分明显的行动也会被人发觉，因为对外掩盖是掩盖不住的，一举一动都会让人看见，即使是非常隐蔽的行动，也会露出马脚来。这时候，不如裁剪一部分自己的力量，使人不产生怀疑，才是更安全的，也有利于今后自身的大发展。

在当代社会中，常见富商捐资兴义学、为公益事业捐款等，这其中也有减少自己的一部分资财，取悦于社会舆论的成分。有财力、有才干的人，自然会脱颖而出，因为他明显与人不同，一时不被人发现，过一段时间也会被人发现。有才干、有实力的人是会获得荣誉的。由于财力丰厚，若只知道让自己的家中富足，又将自己的领地遮盖起来，这是凶险的。

凭借某种势力或力量，只顾自己发财，并在自己的小小领地内搞"独立王国"，不与他人往来，不做公益事情，不为社会服务，那么他就会被社会抛弃，成为"孤家寡人"，闭塞孤立，最终会导致失败。

《序卦传》说："得其所归者必大，故受之以丰。丰者，大也。""丰"是以高杯盛物，表示盛大的意思。光明而且活跃，是盛大的象征。盛大本身就是亨通。王者当天下最丰盛的时候，拥有巨大的财富、无数的人民，应当像日正当中普照大地，使人民普遍分享丰盛的成果。然而日正当中，无法持久，不久就偏斜，因而也隐伏着危机。天地的盈亏随着时间消长，更何况是人。盛大应积极去追求，但应适度。超过必需的程度，就会有灾难。追求盛大，容易迷失，产生猜疑，应以诚信启发意志。

五十六、旅

《旅》：小亨。旅贞吉。

初六：旅琐琐，斯其所，取灾。

六二：旅即次，怀其资，得童仆，贞。

九三：旅焚其次，丧其童仆，贞厉。

九四：旅于处，得其资斧，我心不快。

六五：射雉，一矢亡，终以誉命。

上九：鸟焚其巢，旅人先笑后号咷。丧牛于易，凶。

旅卦阐释应对人生动荡时的原则。

盛大到极点，必然又陷入不安全的状态，难有大的作为了。在不安定的状态中，一切都容易不正常，必须守正。应当大处着眼，先求安定，不可斤斤计较于细节。必须翔实检讨，审慎策划，有完全准备，然后行动。更须以谦虚的态度，团结群众，获得一切的支持与助力，这时所采用的手段更应当正当。这样不计较一时的得失，态度光明磊落，顺其自然，把握中庸原则，才能转危为安；如果倔强倨傲，得意忘形，就难逃失败的命运了。

在旅行途中，是不会非常通达顺利的，只有坚守正道，才会吉祥、平安。出门在外，不一定不顺利，但人生地不熟，还是安分守己为好。在自己家中，小小的过失，家人不会介意；出门在外却不然，小的过失，可能会招来大的祸事。出门在外，借助于他人的地方很多，如果为人吝啬、小气，就很少有人来帮忙。旅途无助，不仅孤单，而且很危险。在人生旅途中，也需要助手和朋友。孤独无友和无人相助，都不能成大事。要想成就大事业，就不能舍不得钱财。"守财奴"不仅得不到朋友，而且也守不住财，因为财也能招祸。在做什么事之前，应该有物质的准备。物质丰富，便会有人衷心效力。

旅行途中，也可以理解为行进途中；行进途中，也就是事业发展的途程中。这期间，有风险，受劳苦，不会一帆风顺，不会安宁舒适，如果再发生意外的挫折，部下或能干的助手、仆从很可能发生动摇而离去。失去部众的支持，孤掌难鸣，怎么能够达到胜利的彼岸呢？这是提示人们，在艰苦卓绝的进取途中，要提防意外事故。在旅行途中，停留在某一地方，在这个地方得到了他人的资助，心里并不一定高兴。进取要靠自己，吃人嘴软，拿人手短，受了他人资助，行动上可能会受到掣肘。进取途中，有一得必有一失。要想获得最后的成功，便不要患得患失。在进取途中，不要随意嘲笑他人的失败，因为自己也有失败的可能；也不要因眼前小利而损害长远的利益，要胸有大局，要把目光放远。

《周易》反复告诫人们，过度盛大，容易迷失，盛极必衰，又流离颠沛，互为因果。《序卦传》说："穷大者，必失其居，故受之以旅。"当盛大到极点，必然又失去安定。旅行是一种经常变换场所的不安定的行动，动机多半是国内失业，犯罪逃亡，或者不得意，因而不会大有亨通。人在旅途，生活不安定，周围都是不相识的人，缺少照应，颠沛流离，心里也容易不安定。不论在任何情况下，都必须遵守正道，才会吉祥，旅行当然也不例外。孔夫子曾经周游列国，他对旅途辛劳的体认，极为深刻。在不安定中，不可斤斤计较于小节，应当大处着眼。为了转危为安，必须有充分的准备。以傲慢的态度对待下人，下人必然就会逃走。必须以谦虚的态度，得到一切助力，才能转危为安。即使在旅行中有足够的旅费与应用的器具，心中也仍然不会愉快。孟子在齐国，齐王给以万钟的爵禄，劝他留下，又赠给他黄金百镒，他都不接受，当时的心情，就是如此。

求安定须柔顺，不能倨傲。应有不计一切得失，光明磊落的态度。《象传》说："终以誉命，上逮也。"这是由于他的为人，可以上达的缘故。柔顺中庸，就像在射山鸡时，最初虽然不顺利，丧失一枝箭，但最后仍然得到荣誉与爵位。古时候任用官吏时，有将山鸡作为礼物，献给君王的习俗，以象征立身处世光明磊落的态度。

五十七、巽

《巽》：小亨。利有攸往，利见大人。

初六：进退利武人之贞。

九二：巽在床下，用史巫纷若，吉，无咎。

九三：频巽，吝。

六四：悔亡，田获三品。

九五：贞吉，悔亡，无不利，无初有终。先庚三日，后庚三日，吉。

上九：巽在床下，丧其资斧，贞凶。

巽卦阐释谦逊的道理。

在不安定中，必须谦逊，努力赢得人心，得到助力，才能转危为安。何况谦逊也是做人应有的态度，唯有谦逊，才能进入他人心中，进入万物之中，而被接纳。谦逊是顺从，但并非盲从，必须择善而从。谦逊并非优柔寡断，更非自卑畏惧，当然也不是虚伪。而是应当正当，应当进取，事前叮咛周详，事后检讨得失，唯恐有所偏差的慎重态度；又必须恰如其分，不可过当。

以退让的态度对待他人，做事就会比较顺利；以此态度去和他人交往是有好处的，以此态度结交有权势的人物也是有好处的。但仅靠退让与谦逊是不可能顺利成功的，因为还有其他因素在起作用。《象传》说"巽于床下"，是说退让退到床下的地步；"用史巫纷若"，又叫来许多办理祭祀事务的人，这样做是吉祥的，不会有什么灾祸。"退到床下"是一种比喻，意思是非常谦恭，也比喻退让到无法再退让的地步。谦恭要真诚，而不是虚假的谦逊，才不会令人疑惑，才被人称为美德。平时骄横跋扈，出现了困境，不得已才摆出谦恭态度和退让姿态，人家大多不会买账，很难不受到嘲笑和讥讽。想退让，可是在退让的时候又很不情愿，很勉强，那么，这样退让不会有好的效果。

待人处事持退让的态度，可以消除灾祸。但退让与谦逊也有不同，在实际行为做派中要分为上、中、下三个等级。待人处事持退让的态度，为的是坚持正道，这样才会吉祥平安，才能消除灾祸，才会有好处。但刚一开始也会不得安宁，然而最终会好起来的。持真正的退让态度，

易理与人生

就应该用行动来表现。退让不等于软弱无能；否则，适得其反。退让是有一定限度的。退让过度，就会带来灾祸。

《序卦传》说："旅而无所容，故受之以巽。巽者，入也。"亦即要进入他人心中的谦虚态度，才能被接纳，找到安定的场所。"巽"的原意是台上放有物，假借为同音的"逊"，变为顺、入的意思。顺从他人就容易被接纳，进入他人的心中。"巽"又象征风，无孔不入。顺从自然的道理，就容易进入事物之中，所以有入的含意。风无孔不入，象征贯彻命令。君子应当效法这一精神，以君子的德行，像风一般不断地吹，像命令一般不断反复，使其贯彻于人民的行为中。孔子说："君子之德风，小人之德草。草上之风，必偃。"（《论语·颜渊》）意思是说，君子的德行像风，小人的德行像草，风吹到草上，草一定会倒伏。但过度谦卑，缺乏信心，进进退退，不能果断，就会耽误时机。《象传》说："利武人之贞，志治也。"要像武人般坚决果断才有利，这样意志才能坚定不移。在事物变更之前，必须叮咛群众知道；事物变更之后，应衡量得失。这样慎重处置，就会吉祥。

五十八、兑

《兑》：亨。利贞。

初九：和兑，吉。

九二：孚兑，吉，悔亡。

六三：来兑，凶。

九四：商兑未宁，介疾有喜。

九五：孚于剥，有厉。

上六：引兑。

兑卦阐释和悦的原则。

使人喜悦，自己也喜悦，可促使人们关系和谐。使人民喜悦，就能诚心诚意服从领导，不辞辛劳，不畏牺牲。这是顺天应人的道理，但动机必须纯正，正当有利，使人喜悦，而不能不分是非。与人和悦，首先应当明辨是非，光明正大，而非阿谀诌媚；应当内刚外柔，坚持原则，和而不同。而且不可乡愿，应当断然排除邪恶。更应当警惕，刚正也会被邪恶包围，小人会不择手段取悦于人，所以不可坠入小人的陷阱。

能够取悦于人，就会通达顺利，也会得到好处；但取悦于人应该注意坚守正道。取悦于人，就是取得别人的喜欢或讨好别人。前者，似乎谁都愿意去那么做，让别人喜欢自己，有什么不好呢？后者，即含有贬义，因为讨好他人，就意味着为取得别人的欢心或称赞，要迎合他人，而迎合似乎包含着虚伪的成分——要故意使自己的言语、举动适合他人的心意。但无论怎么说，这两者所能达到的效果可能是非常接近的。绝大多数的人，都喜欢与自己相投、相合的人交往，也喜欢他人的恭维、迎合、赞美；对与自己的意见不同或反对自己的人，往往会不高兴或耿耿于怀，有的则怀恨在心。

人人都喜欢喜悦的面孔。人人都喜欢喜欢自己的人。人人都愿意自己能欢欢喜喜。由于和睦、协调而造成的喜悦，是吉祥平安的。与人相处、共事，人与人之间很和睦、很协调，自然令人愉快、高兴。反之，就会烦恼丛生，什么事情都做不好。这种自然形成的和睦、喜悦，是非常有益的。讲诚信和相互信任所带来的喜悦，是吉祥平安的，不会发生灾祸。两个人或几个人团结一致去做事情，成功的可能性极大，这叫"众人拾柴火焰高"。具有共同志向，同去完成一项事业的朋友，其友谊是牢靠的。

强颜欢笑，不是欢笑，而是悲哀。装出来的欢笑，不是真正的欢笑。文过饰非，以满不在乎和伪装的笑脸去面对他人，很可能会招来灾祸。本来值得高兴，却又犯嘀咕，似乎有点多疑，多疑应该算个小毛病；但多疑中也有谨慎的成分，所以可以原谅。有时候，多疑也会防止粗心大意的祸患，这多疑的缺点不是反而成为优点了么？例如爱情中的疑心、吃醋，也是爱的另一种表现，如果不过分，便属小的缺点，而且其中也有值得庆贺的成分——说明爱的存在和强烈；当然，过度的疑心和吃醋，会伤害爱情。想取悦别人，却被人看出是虚情假意，这叫弄巧成拙，反受其害。要想取悦别人，就应该主动地把令人高兴的事做出来。令人高兴，就得有令人高兴的环境、气氛，人们都应该主动地去创造和悦的气氛。

《序卦传》说："入而后说之，故受之以兑。兑者，说也。""兑"是"说"的本字，是说话或笑的模样，有言语与喜悦的意思。使人喜悦可以亨通。然而，并非不分是非，一味地使人喜悦，而是动机纯正，固守正道，使人喜悦，才会有利。

《象传》说：“刚中而柔外，说以利贞，是以顺乎天而应乎人。说以先民，民忘其劳。说以犯难，民忘其死。说之大，民劝矣哉！”顺应上天的道理，符合人民的心愿，所以使人民真正地悦服。凡事以使人民喜悦为先，则人民就会忘记劳苦。能够使人民喜悦地去冒险犯难，人民就会忘记死亡的危险。发扬使人喜悦的道理，人民就知道勉励了！

不要奉承谄媚，妄求进取。要不屑于利用私人关系，而是以正大光明的态度，使人喜悦。这样人们才不会有疑惑。《论语》中所说的“君子和而不同”，即与人和谐，但不同流合污，因而和悦，吉祥。

五十九、涣

《涣》：亨。王假有庙。利涉大川，利贞。

初六：用拯马壮，吉。

九二：涣奔其机，悔亡。

六三：涣其躬，无悔。

六四：涣其群，元吉。涣有丘，匪夷所思。

九五：涣汗其大号，涣王居，无咎。

上九：涣其血，去逖出，无咎。

涣卦阐释天下涣散时的应对原则。

在丰盛安逸的环境，人心容易涣散，以致离心离德，重私利而忘公益，使风气败坏，团结被破坏，因而当显露涣散的迹象时，就应当以强有力的对策，及时挽救。首先应顺应民情，先求安定；并且消除私心，消灭派系，抑制私利，革除弊端，为公众造福。唯有牺牲小我，完成大我，才能促成大团结，重新获得安定。

分而治之，便可以冒险犯难，但只有坚守正道才是有利的。一个领导者是具有一定的号召力的，且可以动用自己的权力，分而治之，借以巩固自身的地位，这时候再面对困难，就容易取胜。分而治之，是领导者的统治术之一。实行分而治之，要攻破关键。关键的人物和关键的问题解除了，灾祸也就没有了。

分化瓦解的重点在于动摇为首者的根基。实行离散，就要离散其根本——这就如同让人失血一样；让人失血，也就是釜底抽薪。供血不足，人就会缺乏活力，甚至不会有几天活命，这是打击或破坏被离散者的根本和基础。聚在一起的人被离散，就不能让他们重新再聚，不使他们再聚的措施就是让他们相互远离、相互猜疑、相互不团结。

《序卦传》说："说而后散之，故受之以涣。涣者，离也。""涣"是水溶解破裂、离散的意思，象征喜悦使郁闷涣散。当天下离散时，君王应以至诚到宗庙祈祷，获得神的保佑，使人民看到君王的诚意，因而感化再重新聚结，就能像涉过大河般有利于冒险犯难，所以也有挽救涣散的含义。拯救涣散，要先除去私心，能够克制私心，使私欲涣散，积极有所作为。应消除派系，促成团结。解散自私的党派，团结大多数群众，这就是壮举。应当排除私利，为公众造福。当天下涣散的时候，把储集的财富散发给广大人民，就可凝聚人心。唐代名臣陆贽说："散小储，成大储。"消散私有的小财富，方能得到共有的大财富。

六十、节

䷼

《节》：亨。苦节，不可贞。

初九：不出户庭，无咎。

九二：不出门庭，凶。

六三：不节若，则嗟若，无咎。

六四：安节。亨。

九五：甘节，吉，往有尚。

上六：苦节，贞凶。悔亡。

节卦阐释节制的原则。

节制是美德。盲目突进，就有危险；欲望无穷，难以满足。必须节制，使其不逾越常规。但节制过与不及，都将造成伤害，必须恰如其分。节制，必须自动自发，明辨是非，行动谨慎，自我节制，并且使其适当。不应当节制而节制，将丧失活力，失去时机。应当节制而不节制，必然造成伤害。节制应顺其自然，不可勉强；应以中正的德行，以身作则，倡导于先，使其蔚为风气，必然人人乐于接受。如果矫枉过正，极端节制，必然阻塞不通，违反常规，难以贯彻，反而造成相反效果。

易理与人生

　　能够节制自己的行为，就会通达顺利；但是因为节制自己而感到痛苦，就不可能坚持到底了。这是说，坚守正道，使自身具有良好的操守，必须能够节制自己的行为。将节制自己视为一种痛苦，就难以真正节制，就会出问题。不要在外边惹是生非、胡作非为。强制自己不出门，也就可以少惹祸事了。实行节制，要稳妥、稳当。过于宽松，等于没实行节制；过于严格，可能难以实行。该节制的，必须节制；不该节制的，没必要强行节制。要心安理得、自觉自愿地去节制自己。只有心甘情愿地去节制自己，才会使自身品德高尚、操守端正。品德高尚，自然会受到他人的尊崇。当你感到节制自己是一种痛苦的时候，即使你坚守正道，也会有凶险；如果你为此感到后悔，这凶险才会消失。这是强调自我节制可以消灾免祸。

　　《序卦传》说："物不可以终离，故受之以节。""节"是竹节，一段段分开，有止的意思。节制是美德，因而亨通。但节制如果过度，就会使自己吃苦。因而，过度的苦节，不可以当作常则。

天地因为节制，四季才能井然有序，循环不已。因而，圣贤应当效法天地，建立制度，以节制人的无穷欲望。这样，才能既不浪费，又不伤害人民。水流入泽中，本身就有节制的作用。君子应当效法这一精神，制定礼制以节制人的欲望；评论德行，以节制人的行为使其不逾规范。这种制定礼制以节制欲望的方法，以战国末期的荀子最为显著。个人应当自我节制，言语行动谨慎。过度节制，就会失去时机；应当节制而不能节制，则自取其咎。

节制应顺其自然，不可勉强。节制应以中正的德行，以身作则，倡导于先，才能使人乐于接受，而能有所作为。极端的节制，会造成痛苦。这种节制若不放松，坚持下去就有凶险。应知悔改，凶险才会消失。《象传》说："苦节贞凶，其道穷也。"意思是说，像这种过分使人痛苦的节制，在道理上就行不通。

六十一、中孚

《中孚》：中孚，豚鱼吉。利涉大川，利贞。

初九：虞吉，有它不燕。

九二：鸣鹤在阴，其子和之。我有好爵，吾与尔靡之。

六三：得敌，或鼓或罢，或泣或歌。

六四：月几望，马匹亡，无咎。

九五：有孚挛如，无咎。

上九：翰音登于天，贞凶。

中孚卦阐释诚信的原则。

诚信，为立身处世的根本，一切道德的根源，可以缩短距离，沟通意志，促进和谐与团结，发挥教化的功能，更可以积极进取，冒险犯难。但也非毫无原则，应以纯正为先决条件。凡事开始慎重，事前慎重明辨，怀疑就不应信任，信任就不可怀疑，否则必然犹豫不定，不知所措。因而，诚信的对象并非毫无选择，必须彼此的心意能够沟通，引起共鸣。彼此诚信，才能发挥诚信的功用。还应知虚心为诚信的根本，自以为诚信，过度自信，反而孤高刚愎，脱离群众，造成失败。

　　即使心诚意笃，也应该在做事情之前先有准备；这样，发生了其他的意外事情，就不会像燕子那样飞来飞去。这是强调做事要要事先谋划好。像燕子一样飞来飞去，也就是失去了主意，不知如何是好，也就失去了安逸。心诚意笃，如同白鹤在树荫中鸣叫，小鹤在一旁应和；也如同我有好酒，拿出来与你尽兴共饮。相互信任的基础是对某件事有共识，志趣相投。但心诚意笃，不一定会得到回报。如果面对充满敌意的人，心诚也没有用，这时候就要见机行事了，要不就面对挑战，主动发起进攻；要不就采取守势，看对方怎么办，再采取措施。这时别无选择，或败或胜，只能由它去了。心诚，却不能化解敌意时，就只能面对挑战了，这时，应下定决心，正视现实，不可再存有幻想。

　　心诚意笃，如同月亮接近十五那样比较圆满，但所结交的人却如同马一样突然离去了，而且不只一个，这绝不是你的过失。这是说，如果结交的对方心意不诚，便任其离去，没有什么可惜的，只要自身诚心诚意地对待他人就行了。相互之间心诚意笃，如同孪生兄弟一样，就不会有灾祸了。这是说，彼此之间都讲诚信，相互信任，如同一个人一般，就无懈可击，什么事情都可以做好。想心诚意笃地交往，但书信和音讯都登上天去了，即使再心诚也是不幸的。书信和音讯都登上天去了，就是音讯全无。心诚意笃，却又音讯全无，不是发生了不幸的事情，就是这交情已不复存在。

《序卦传》说："节而信之，故受之以中孚。""孚"本义是孵，孵卵不能延误日期，有信的含义。"中孚"是心中诚信。《礼记·王制》说，平民于春秋两季，用猪与鱼祭祀，身份低的平民虽然简单地祭祀，但心中诚信，仍然会被神嘉纳赐福，所以吉祥。

《周易》指出，心中诚信，就可以冒险犯难。不过，必须以坚守正道为先决条件。心中诚信，坚守正道，才能符合天的法则，因为天的德性，就是诚信与坚贞。诚信必须能够沟通，引起共鸣，始能发挥作用。君子在家里说的话，如果是好的，在千里之外，也会响应，更何况在近处呢？君子在家里说的话，如果不好，在千里之外，也会违背，更何况在近处呢？话由自己的口中说出，被众人听到；行为在近处发生，被远处看到。言行对君子来说，像门的枢、弩的机，一旦发动，荣誉还是羞辱，就已经决定。言行对君子来说，足以使天地动摇，能够不慎重吗？正因为言行必须慎重，所以用"鸣鹤"、"好爵"来比拟。诚信必须坚定不移，否则不知所措。应断绝无能的伙伴，追随伟大的人物，才会没有灾难。诚信应选择对象，彼此诚信，才能相得益彰。

　　日常说话应守信，日常行为要严谨，防止邪念，心存诚实。对世人有贡献，而不夸耀，以博大的德行感化。君子进德修业，忠信，所以进德也；修辞立其诚，所以居业也。居上位而不骄，在下位而不忧。同声相应，同气相求。但高高在上，虽然高贵，实质上已经失去地位，脱离了民众，即使有贤明的属下，却得不到他们的辅佐，在这种状态下，有所行动，必然会招来令人懊恼的结果。

六十二、小过

《小过》：亨。利贞。可小事，不可大事。飞鸟遗之音，不宜上，宜下，大吉。

初六：飞鸟以凶。

六二：过其祖，遇其妣。不及其君，遇其臣。无咎。

九三：弗过防之，从或戕之，凶。

九四：无咎。弗过遇之，往厉必戒。勿用永贞。

六五：密云不雨，自我西郊。公弋，取彼在穴。

上六：弗遇过之，飞鸟离之，凶，是谓灾眚。

小过卦阐释过与敛的道理。

信心十足，必然会有行动；行动，就难免过度。但过度与收敛的分际，必须明辨。在消极方面，对自己要求稍为过度，有益无害；然而，在积极方面，则不可过度，好高骛远，自不量力，甚至招致杀身之祸。因而，过与敛、刚与柔，应知因应时机，适当节制，变通运用，即或是正义，也不可过度固执，以致处置过当，造成伤害。过度不足以成大事，极端过度将为自己招致灾祸。

超越常规要讲究分寸，才可通达顺利，而且坚守正道是有利的。做小事可以超越常规，做大事不能超越常规。讲究分寸的超越，才是大吉大利的。按照常规、次序行事，要稳妥得多，但进取缓慢，所以，要想提高办事效率，往往需要超越。超越，有超越的好处，但是不能事事超越，也不能不讲分寸地超越。任何事情都有它的客观规律，违背这些规律，就不能把事情办好。超越是有限度的，有限度才不会有过失。政治上的较量非比寻常，当政敌不知不觉时，突然超越过去，政敌会猝不及防，但由于种种原因，想超越（战胜），而又不得超越（失败）时，政敌便会警惕起来，或者趁超越者的失败而进行攻击，甚至连参与、跟随者都不会放过。这是告诉人们，打破常规做事，应该有充分准备，量力而行，看准时机，否则，反而遭受损失。

超越常规做事，没有什么过错。有时超越不过去，但又遇到了机会，不妨再去超越。再去超越应该小心谨慎，有所戒备；同时也应见机行事，不要认死理、墨守成规。打破常规做事，不一定能够一次成功。不成功，也不要气馁，可以再次尝试。再次尝试，应该吸取前次失败的教训，提防意外事故发生。此外，打破常规做事本身就是不墨守成规，所以更应在做事时灵活机动。并非在所有的情况下都能够超越。积蓄的力量不足，就如同天上布满了云，但雨却下不来；雨下不来，就没有作为，不能恩泽四方，也就只能在自我的一小块地方上活动。在这种力量积蓄不足的情况下，就只能悄悄地谋些小利益了。在力量不足的时候，不能轻易打破常规去进行超越。超越需要一定的条件。准备超越，却没有机遇，便强行超越，这就如同飞鸟逆风而飞，是凶险的。这是告诫人们，违背客观规律，强行打破常规去做事，会招致失败。

《序卦传》说："有其信者必行之，故受之以小过。"过度容易自信，自信容易过度，相互交错。"过"这个字兼有经过、过度两种含义。只要行动，就难免过度。《周易》指出，洗心研机，彰往察来，显微阐幽，由于可尽死生之理、通幽明之故，最后就可达到心安理得、无忧无惧、知天乐命的境界。唯有认识宇宙精神，透彻阴阳、刚柔、动静变化作用原理的人，才能达到这一地步。《系辞传》中说："乐天知命。"《说卦传》中说："穷理尽性以至于命。"君子立身处世，必须觉悟成己安命的道理，这是道德修养的准则。就像鸟飞过，只留下叫的声音，不能发生作用；又像鸟不宜往上飞，因逆行困难，要往下飞，才能找到栖息的地方。亦即，在小有过度时刻，不可以好高骛远，应当务实，才会大吉大利。小事可以亨通，达到愿望。但大事要想达到愿望，必须坚守正道，行动能够因应适当的时机才能有利。

行过乎恭，丧过乎哀，用过乎俭。在山上有雷，雷声必然过小。君子应效法这一精神，行动应稍过于恭顺，服丧应稍过于哀伤，用度应稍过于俭约。亦即在消极行为方面应当克己，但也不可以过分。《论语·为政》说："恭近于礼，远耻辱也。"《论语·八佾》说："礼，与其奢也，宁俭；丧，与其易也，宁戚。"均说明应知收敛，明辨过与敛的分际，对过与敛要因应变通，不可固执。

易理与人生

六十三、既济

䷾

《既济》：亨。小利贞。初吉终乱。

初九：曳其轮，濡其尾，无咎。

六二：妇丧其茀，勿逐，七日得。

九三：高宗伐鬼方，三年克之，小人勿用。

六四：繻有衣袽，终日戒。

九五：东邻杀牛，不如西邻之禴祭，实受其福。

上六：濡其首，厉。

既济卦阐释已经功成名就的原则。

成功，确实是令人高兴的时刻；然而，物极必反的法则，却难以违背。创业固然艰难，守成更加不易。当创业时期，朝气蓬勃，人人奋发有为；可是，一旦成功，就会骄纵，得意忘形，满足现状，以致暮气沉沉，不可能再有大的作为，终于，内忧外患，接踵而来，导致混乱，土崩瓦解。大自然的奥秘，就在于错综复杂，推演变化为无穷，始能生生不息。一旦完成，变化法则就失去弹性，反而僵化，丧失积极奋发向前的活力，趋向没落。所以，一切最美满的事物，都会潜伏着极大的危机。

盛极必衰，为必然现象，不可避免，唯有坚守正道，继续不断向前，才能减缓或减少由盈而亏所造成的损害。应当防患于未然，适度节制，而不妄动。不可被表面的盛大迷失，必须重视实质的健全，时刻提高警觉，戒慎恐惧，防微杜渐。对小人必须严厉排斥，不可使其形成势力，尾大不掉。更不可骄纵，过度自信，盲目突进，造成不可挽救的严重后果，加速崩溃。然而，盛极必衰的规律不可抗拒，这一切的努力必然非常艰难。

凡事在成功之后，跟着来的，必然是松懈没落；因而，必须坚守正道，继续奋发努力，才能有利。当成功来临，在极端兴奋中一切显得吉祥；然而，物极必反，终究又将陷入混乱，必须告诫守成的艰难。造物的微妙，正在于此，阴阳错综复杂，才能产生变化，生生不息；过于完整，反而僵化，以致丧失积极奋发的活力，不能再有大的作为。

宇宙间一切最美满的事物，也愈隐藏着危机。由这一卦，也可以看出《周易》含义的深长。《象传》说："君子以思患而豫防之。"水在火的上方，也有使火熄灭的弊害。君子应当效法这一精神，凡事在完成当初，就应当考虑到接踵而来的弊端，事前加以预防。当成功之后，更应当谨慎，想到一切可能的后果，预先适当地防止。成功之后，适当节制，也许会有一时的损失，但结果将更圆满。

当功成名就的时刻，仍应一本创业时的初衷，继续奋发努力，才能保全既有的成就，才能大吉大利，否则就要没落了。成功不可自满，不可被成功冲昏了头，盲目冲进，招致危险。

取得了成功以后，是通达顺利的；但是仅仅在面对小的利益时才保持操守，刚开始还会顺利平安，到后来就会出乱子。这是说，一个人在功成名就以后，大权在握，可以随心所欲了。但这时也容易骄狂起来，不再约束自己，并自以为天下太平，就放松了警惕。刚一开始，出现的问题会被掩盖起来，最后积少成多，积小成大，乱子就来了。

要居安思危，万事都不会一劳永逸。做什么事都不能过于急躁。只有实行自我节制和时刻提高警惕，才不会犯错误。既然功成名就，就不要追逐无关大局的小利；其

236

易理与人生

实，有些小利不用去追逐，它自然而然地就会送上门来。成功来之不易——令人尊敬的先辈征伐鬼方，用了三年的时间才取得胜利；但成功之后，千万不能重用那些品德低劣的人，因为用人不当，会使得之不易的胜利成果丧失。

功成名就以后，应该想到穿在身上华贵而又艳丽的衣服，总有一天会破旧的；所以，要经常不断地告诫自己，不可疏忽大意。应该时刻牢记功成名就之前的艰辛。疏忽大意失去警惕，就会导致失败。功成名就以后，不应随意消耗财力，而应虔诚地坚守正道。这就像东边的邻居宰杀自己的牛，不如西边的邻居举行春祭一样。只有虔诚地坚守正道，才会承受真正的福泽。要想保持胜利的果实，就应该有坚定的操守和良好的声誉。只顾享乐，任意挥霍，将会招来灾祸。

功成名就以后，需要把头浸在水中，让自己更清醒一些。保持清醒，才会不断激励自己。这是说，功成名就以后，很容易头脑发热，忘乎所以。这时候，需要冷静，需要保持清醒的头脑，需要继续进取。创业难，守业也难。在顺境中，保持清醒的头脑也难。

六十四、未济

《未济》：亨。小狐汔济，濡其尾，无攸利。

初六：濡其尾，吝。

九二：曳其轮，贞吉。

六三：未济，征凶。利涉大川。

九四：贞吉，悔亡，震用伐鬼方，三年，有赏于大国。

六五：贞吉，无悔。君子之光有孚，吉。

上九：有孚于饮酒，无咎。濡其首，有孚失是。

未济卦阐释永无止尽的道理。

未济是《周易》的最后一卦："物不可穷也，故受之以未济，终焉。"所以，完成是另一未完成的开始，《周易》虽然到此终止，但宇宙森罗万象，则永远变化演进，无尽无穷。

这一卦是在成功与未成功的边缘，还不能判断到底是吉是凶。在成功最后的关键时刻，更应当量力而行，不可行动过当。可是，当此即将脱离危险的重要时刻，充分考虑不利的条件，经过慎重周详的策划，断然冒险，反而能够突破困境，找到出路，因而有利；这样也解释得通。在成功最后的关键时刻，应当必须坚持，奋发努力，更应当明智、中庸、诚信、谦虚，以号召贤能，巩固团结，而抵于成。应有尽人事、听天命，成功不必在我的胸襟。

　　处于成功与未成功的边缘，更是危机四伏、最艰苦的关键时刻，成功与失败，往往就在一刹那间，突然到来。更应当坚守正道，把握中庸原则，刚柔并济，不可掉以轻心；必须量力，适度节制，不可逞强，不可行动过当，以致功亏一篑。相对地，在这一即将突破重重险阻、关系成败的重要时刻，也必须在慎重判断、充分策划下，断然冒险，才能打开成功之门。明智、诚信、正当、中庸、谦虚，号召贤能，巩固团结，振奋士气，集中意志与力量，为成功的必备条件；更必须有长期艰苦奋斗的坚定信念，与成功不必在我的恢弘胸襟，才能坦然冷静适应，贯彻始终，以抵于成。

　　世上的事情是没有止境的。知道没有止境，才会通达顺利，这就如同小小的狐狸希望渡过大河而达到彼岸时，河水浸湿了它的尾巴，但它还是过不去——一个人的力量，毕竟是有限的。必须谦逊，团结部众，才能达到彼岸。

成功是相对而言的，世界上没有绝对的成功、永远的成功。在某件事上成功了，还有其他的事情有待去做。想入非非地去做自己办不到的事情，不仅不会成功，还可能引来灾祸。狂妄自大，不自量力，就会招致耻辱和失败。节制自己的行为，坚守正道，就会吉祥平安。也就是说，凡事都不能过分，欲速则不达。有节制、有分寸，才会顺利成功。

未济，不成功，是说成功以后永远还会有难题。例如成功后去征伐是凶险的，是说成功以后（达到了某一目标），就不能再去进行征伐用兵，不断地用兵，就会带来凶险。但做些其他的事情还是比较容易的。事无止境，坚守正道，才会平安顺利，灾祸也就没了。将威风用在征伐鬼方的战斗中，就会有战功；有了战功，三年之内便会得到奖赏——一块很大的封地。这是说，应该将勇武的精神用在对异族的作战中，并由此而扩大领地。古人的观念与今人是不同的。异族之间的相互征伐，是司空见惯的事情，而且大多水火不相容。现在可以理解为，要为国争光、为国立功。

一个道德高尚的人，只要讲诚信，就会吉祥如意。这是说，一个道德高尚的人，已经取得了某些成就，达到了某一高度，或完成了某一使命，就可以问心无愧了。不要贪心不足，不可野心太大，这正是一个有道德的人光彩照人的地方。

在取得了某些成功以后，就应该让人们相信你在饮酒中安于自得其乐，就不会有灾祸了。如果像把头浸在水中弄湿了一样，精神旺盛，继续激励自己去进取，别人就不相信你安于饮酒中自得其乐了。这样做有见好就收的意思。有了一定的成就以后，再谋进取，他人就会感到威胁，就会联合起来对付这个心怀天下的人。这也是西伯的告诫，人的力量毕竟有限，不要做超越自己能力的事情。

未济卦的"上九"，正当未成功的终极，一面饮酒，一面眺望或许即将到来的成功，心中必然也在思索，一切又将返回起点，一切又将重新开始了！

《周易》六十四卦、三百八十四爻，到此结束。然而，变易、简易、不易的原理，则永远进行；宇宙森罗万象，依然在无尽无穷中变化演进。《周易》具备无限的潜能，让我们永远充满光明与希望，成为我们积极奋发的动力。

易理与人生

结束语

　　《周易》"广大悉备"，居群经之首。书不尽言，言不尽意。《周易》的至理妙义，如果不是亲历世事艰难、饱尝忧伤苦闷的圣哲之士，恐怕也难以阐发出来。

　　谦卦爻辞说："劳谦君子，有终，吉。"就是说，勤劳而谦让的君子，会有好结果，是吉祥的。可见《周易》是统计、综合了很多人类生活行事的经验所得出的人生教训。正是因为这个爻辞本身已经是一个人生教训，因此，孔子就站在人道的立场、儒家崇尚道德的立场，详细地说明了这一爻辞所包含的人生教训的意义，于是把爻辞本身说得不很清楚的人生经验，或者人的行事规律，详细分析、发挥，使它变成了人类道德的一个重要规律。从这一爻辞去推衍，我们知道可以应用这个方法，把《周易》三百八十四条爻辞，变成人类道德的宝典。当你明白了每一爻引申发挥的方法，它们便都成了指导你立身行事的正确原则。因此，依着孔子对原文发挥的方法，去体会三百八十四爻辞对人生的各种教导，人生便将无往而不胜。单从这一点来说，《周易》这本书就是中国最伟大的古籍之一。

卦辞爻辞，甚至卦象爻象，当它们在指示人未来要怎样行动的时候，往往是利用了人类以前类似事件的经验，指示占问的人依着这样做便会成功，不这样做就会失败。因此，卦辞爻辞的内容，其实蕴含了远古以来人类生活、行事最宝贵的经验和智慧。后世再进一步发展，卦象和爻象提升为更高深、更抽象的无形之理，那就更有智慧了。

《周易》兼说生死，阐扬天地的大德，无穷的生命力，使人能够知变，应变，适变，去恶向善，避凶就吉。《周易》以天地为准则，确立人生规范，以宇宙恒久无穷而又秩序井然的精神，劝勉人生应当自强不息，造福社会。我们应效法宇宙精神，自强不息，践行《周易》的丰富思想，实现厚德载物的理想。